王牌培训书系

buzuo zongtong
jiuzuo xiaoshou

将简单的招式练到极致就是绝招
从销售新手到业绩冠军
赋予销售新手战无不胜的决心与技能

不做总统 就做销售

推销王

肖晓春 著

SPM
南方出版传媒
广东经济出版社
·广州·

图书在版编目（CIP）数据

不做总统就做销售：推销王/肖晓春著．—广州：广东经济出版社，2017．3
ISBN 978－7－5454－5176－4

Ⅰ．①不… Ⅱ．①肖… Ⅲ．①推销—方法Ⅳ．①F713．3

中国版本图书馆CIP数据核字（2016）第320433号

出 版 人：姚丹林
责任编辑：李惠玉
责任技编：谢　莹

出版发行	广东经济出版社（广州市环市东路水荫路11号11～12楼）
经销	全国新华书店
印刷	茂名广发印刷有限公司 （茂名市计星路60号大院）
开本	787毫米×1092毫米　1/16
印张	13　1插页
字数	211 000字
版次	2017年3月第1版
印次	2017年3月第1次
书号	ISBN 978－7－5454－5176－4
定价	28.00元

如发现印装质量问题，影响阅读，请与承印厂联系调换。
发行部地址：广州市环市东路水荫路11号11楼
电话：（020）38306055　37601950　邮政编码：510075
邮购地址：广州市环市东路水荫路11号11楼
电话：（020）37601980　营销网址：http://www.gebook.com
广东经济出版社新浪官方微博：http://e.weibo.com/gebook
广东经济出版社常年法律顾问：何剑桥律师

王牌培训书系

目录

王牌培训书系

第一章

观念心态——销售未开始就决定成败

我步入销售行业，
因为我希望生活更有意义。
我要活得深刻，
吸取生命里的所有精华。
把非生命的一切全部击溃，
以免当我临死时才发现自己从未活过。

——改编自《春风化雨》

一、浴火重生：不当总统就做销售员

在美国人眼里，只有做过三年销售的人才有资格参加总统竞选，所以历任美国总统都是超级销售员，他们在世界各地推销美国文化、价值观、自由民主思想以及生活方式。

网络上曾经有句话说“不当总统就做销售员”，总统只有一个，所以很多人加入了销售员的行列，当然，这并不是因为后者更容易一些。

事实上，做销售需要有浴火重生的勇气，就像老鹰一样。

鹰是世界上寿命最长的鸟类，它一生的年龄可达70岁，堪与万物之灵的人类相媲美。但是，当一只鹰活到40岁的时候，却要面临一场关于生死的痛苦选择。因为它老化的爪子已经无法有效地抓住猎物，它原本锋利的喙也变得又长又弯，几乎碰到了胸膛。而失去力量的翅膀，常常难以负担又长又厚的羽毛，原本苍穹之上自由地翱翔，现在成了吃力的苦工。

这时，驼背的鹰孤立在悬崖上，它只有两种选择：等死，或经过一个万分痛苦的更新过程。

150天的漫长操练开始了，鹰必须努力飞到山顶，并铸造巢穴。在这段禁飞的日子里，老鹰首先用它的喙击打岩石，直到完全脱落。然后静静地等待新喙长出，再用新长出的喙把指甲一根一根拔出。当新指甲长出来后，老鹰便把羽毛一根一根地拔掉。

5个月后，新的羽毛长出来了，老鹰重新开始飞翔。

这只鹰作出选择，然后义无反顾，赢得了后30年的寿命。新手也一样，选择做一个销售员，就得拥有自我革新的勇气和决心，只有告别过去才能迎接全新的未来。

当然，也有些人会怀疑自己是否能做好销售工作，幸好前辈乔·吉拉德的经历给了我们答案。

1963 年，乔·吉拉德破产，变得一无所有。为了不让孩子们挨饿，他必须在第二天找到工作以养家糊口。

乔·吉拉德不知道当时为什么去了汽车经销店，只记得自己走进去，申请一份工作。老板嘲笑他说："我不能雇你，正值隆冬，没有那么多生意。顺便问一下，你卖过车吗？""没有，可我卖过房子。"老板说："那就更不能雇你。"

但乔·吉拉德说："你只要给我一部电话、一张桌子，我不会让任何一个跨进门来的客户流失，并且我还会带来自己的客户，我会在两个月内成为你们这里最棒的推销员。"老板说："你疯了！"乔·吉拉德的回答是："不！我饿了！"

就这样，乔·吉拉德在电话前工作到晚上 8:50，而且他兑现了承诺，没有漏掉一个跨进门的客户。在那时候，他甚至还没意识到自己的生活又重新开始了。店门打开，客户径直向乔·吉拉德走来。大约一个半小时后他卖出一辆车，那是乔·吉拉德卖的第一辆车。

就是这个新手，短短三年，就以年销售 1425 辆汽车的成绩，打破了汽车销售的吉尼斯世界纪录，并被称为"世界上最伟大的推销员"。而当初他只不过是个破产、饥饿、无路可退的失败者。背水一战、勇于面对的精神使他走出低谷，重获新生。

伟大的成功往往来自一个卑微的起点，今天的销售高手可能是昨天的失败大王，如何从低谷走向高峰，关键就在于用什么样的心态走出困境。

有三个图书销售员，下班后聚在快餐店聊天。第一个销售员抱怨说："我的腿都跑断了，才卖出一本书，这样下去不是累死就是饿死！"第二个销售员笑笑，说："我也只卖出一本书，只要明天多跑几家，相信我会卖出更多。"轮到第三个销售员，他笑容灿烂地说："今天一本书都没有卖出去，但明天我会卖出十本书。"

一年后，第一个销售员换了很多工作，失败后又回来卖图书；第二个销售员很勤恳，成了公司的销售经理；第三个销售员则成了前两个人的老板。

心态将成功和失败区分开来，“一个积极心态者常能心存光明远景，即使身陷困境，也能以愉悦和创造性的态度走出困境，迎接未来。”这正是第三个销售员的写照，也是他成功的秘诀。

所以，想要有所成就，就必须培养积极的心态。

- 每日照镜子，对着镜子要笑，保持乐观。
- 自我夸奖，不停地夸奖自己。例如：我就是第一！我最聪明最能干！
- 快步行走，会给人一种干练的感觉。
- 开会尽量往前坐，这是自信的表现。
- 多用正面语言，像“真倒霉”、“我不干了”这类的话尽量避免。

狄更斯说过：“一个健全的心态，比一百种智慧都有力量。”这句至理名言告诉我们一个道理：你有什么样的心态，就会有什么样的人生。

二、销售是帮人助己最好的事业

一个人一生可以选择很多工作，也可以选择一项事业。销售是一份工作，但这份工作也是一项值得追求和付出的事业。

有人说销售就是把产品卖给客户，其实不然。所谓销售，是指销售人员在一定的经营环境中，采用适当的方法和技巧，说服和引导潜在客户购买某种商品和服务，从而满足客户需求并实现企业目标的活动过程。具体来说，涵盖以下三个方面：

- 销售是销售人员和客户之间的双向沟通，是双方情感交流及心理活动的过程；
- 销售的核心是耐心说服和正确引导客户的购买行为；
- 销售的目的在于满足客户生理或心理需求并实现企业目标。

销售是一份既可以满足别人需求，又可以满足自身需要的工作，销售员也是最有理想和追求的一类人，并不像社会上认为的那样，做销售是“逼上梁山”或“走投无路”。

小刘名牌大学硕士研究生毕业后，到一家电脑软件公司应聘销售员。面试他的人事部负责人开门见山地问：“你是名牌大学硕士研究生，怎么想到要来做销售?”负责人在脑袋里替小刘想了很多其他出路：怎么不出国？怎么不接着读博士？怎么不留在学校教书？怎么不去研究所？怎么不做技术研发？

怎么不找个机关待着？

在别人眼里有无数更好的出路，但在小刘眼中，销售就是最好的出路，是通往成功的路。几年之后，这个做销售的硕士研究生写了一本书，告诉大家销售虽然没有直接创造价值，但产品的价值只有通过销售才能为人们认识，才能体现自身价值。

社会对销售的认识有很多误区。销售员的工作并非简单出售产品，而是在客户和产品之间建立一座信息流畅的桥梁，将生产线上的产品变成商品实现流通，在满足客户需要的同时，为企业和自身赢得利益。销售工作推动生产和消费，是经济发展不可或缺的职业。

销售是光荣的职业

- 销售是企业经营的最后一个关键环节，假如没有销售人员，产品就不能销售，企业也就无法生存。
- 销售工作实现了企业收益，只有通过产品销售，才能带来利润回馈。
- 销售人员代表企业与客户建立良好关系，不仅为客户解答疑难，还提供优质服务。
- 销售人员反馈的意见促进企业新商品的研制和开发。

销售员在实现商品价值的同时，也帮助人们买到了自己需要和喜欢的产品。可以说，销售人员是问题的解决者，这也是作为一名销售员最值得骄傲的地方。

有个闭塞的小山村，村民世代居住在那里，从来没有见过外面的世界。

一天，来了一个销售员，他看到一个放牛娃，就问："你为什么放牛？"放牛娃说："为了娶媳妇。"销售员又问："娶媳妇干什么？""为了生孩子。""生孩子又干什么呢？""生孩子再放牛。"

销售员听完以后，说服年轻的村长买了一辆自行车。年轻人骑着自行车到了很远的地方，看到了外面的世界，从此小村庄日新月异，再也没有为放牛而放牛的孩子了。

销售员把客户和商品连接起来，商品出售只是价值的一个方面，另一个方面是把需要的商品卖给需要的人。正如上面所说，销售员比村民更知道他们需要什么，接着提供商品。这不仅实现了自行车载人远行的价值，还改变了整个村庄的生活面貌。

销售是一种创意式的工作，一个优秀的销售员要做消费者的顾问，站在客户角度，为客户的利益出谋划策；销售员也是医生，把自己的产品和服务当成最好的药方，以解决客户的各种难题；同时，销售员又要像个专家，不断给客户最恰当的建议，包括物质的和精神的。客户和销售员之间也不只是产品的流动，还是精神上的交流。

根据销售员工作的特点，总结出销售工作“三境界”：

- 第一境界，卖出产品的销售员。
- 第二境界，销售自己的销售员。
- 第三境界，创造希望和梦想的销售员。

处于第一境界的销售员让产品实现了价值，第二境界的销售员实现了自己的价值，第三境界的销售员让客户知道自己有价值。

真正的销售员不仅是把产品卖给客户，也不是让客户接受你，而是因为产品和你让客户产生希望，享受生活的乐趣。销售员是一个光荣的职业，在实现自身价值的同时还有更多的机会去帮助别人，给大家的生活带来阳光，并用积极的态度影响人们的世界观和人生观。

三、今朝放下面子，明日才有面子

有的人向亲友谎称外出度假，实际上却隐藏在家中。他们在冰箱里塞满食物，打开电话录音，放下百叶窗……仿佛真的去度假了。为了掩饰拮据状态，不惜打肿脸充胖子，简直就是死要面子活受罪的典范。

所谓的“面子”，实际上就是一种形象印象，人们习惯在公众面前维持良好的形象，如果出现差错，就会很不自在。而销售是一个必须要面对挑战的行业，向陌生人推销产品，遭受客户白眼乃是家常便饭。如果认为失败就是丢面子，那即使是世界上最伟大的销售员也没有什么面子可言了。

面子和失败的关系

- 失败≠丢面子，害怕失败才丢面子。
- 一个伟大的失败，孕育着一个同等伟大的成功。
- 销售失败对于销售员来说是家常便饭，根本不值一提。
- 销售失败在为销售成功不断积累经验，今天丢面子意味着明天有面子。

没有经历失败的销售员，也就永远不能成为一个成功的销售员。“失败乃成功之母”，这是尽人皆知的道理，既然大家都经历这样一个过程，那又有什么面子可丢。

小刘是某公司的销售总监，有一次同老客户李总吃饭，谈起了自己第一次推销的情景。

他说自己当时非常紧张，同客户谈话的时候还不小心把热水撒在了对方身上，结果只谈了个开头客户就很不愉快地借口走开，留下了无地自容的小刘。

李总听完哈哈大笑，说：“我怎么没遇到这样的销售员，否则衣服都不用自己洗了。”对方的反应让小刘心中吃惊不小，因为这位李总就是当初走开的那个客户。

这个世界大家都很忙碌，没有人会去特别关注一个销售员的成败。小刘本以为自己当时的表现很丢脸，可事后对方根本没有印象。所以，即使是丢了面子也没什么了不起的，因为根本没有人在意。

对面子问题的正确态度

放下面子是一个问题，把面子当回事又是一个问题，所谓“战略上藐视敌人，战术上重视敌人”，放下面子不等于扔掉面子。关于面子问题，还要有一个正确的态度：

- 哪里跌倒哪里爬起，哪里丢面子哪里捡。
- 有成绩就有面子，而成绩需要自己的努力。
- 可以一时不顾面子，不可一世都无面子。

兵法中有“以子之矛攻子之盾”的策略，针对过于爱惜自己面子的人，也有一个以毒攻毒的办法，那就是下决心，并大声讲给别人听，这样做不到就是自毁颜面。

小张是个销售新手，不敢去拜访她的客户，不知道怎样才能让一个陌生人接受她的产品。于是经理把她带到马路上，这时有个老太太正好从对面过来。

经理突然对小张说：“如果我现在走过去，不能把产品卖给她的话，就立刻给汽车撞死。”小张听了吓了一跳，因为她从来没见过这么疯狂的人。经理走过马路，立刻向老太太介绍产品，10 分钟后，产品真的卖了出去。

第二天，小张和同事一起过马路，她想起经理的做法，便如法炮制对同事说："假如我不能把产品卖给对面那个陌生人，回来就让汽车撞死。"说完这句话，小张脑袋中一片空白，但承诺出口又不能反悔，只好硬着头皮使出浑身解数向陌生人展开推销。20 分钟后，奇迹发生，小张卖出了她的第一件产品。

用这个方法，小张不但没有丢面子，而且马到功成很有面子地实现了自己的承诺，决心给了她至关重要的帮助。

真正的决心使人成功

有的人每天都下决心还是无法避免失败，原因是他们的决心不过说说了事，而成功者下真正的决心：

- 下定决心等于切断一切退路！
- 当一个人下定决心之后，他的潜意识可提供的能量是无限的。
- 要真正地下定决心，这只有你自己才知道。
- 下决心→行动→检查→调整→下决心。
- 决心去做就做到最后，不达目的誓不罢休。
- 一定做到与客户达成交易为止，否则绝不放弃。

扫除了对失败的畏惧心理，又有了必胜的决心，成功就是必然。畏惧前行的人固然丢不了面子，但活得也没什么面子。敢于尝试的人，即使今天丢了面子，只要接受教训，也能获得明天的成功，从而成为笑到最后的人。

四、“新手”更有“新”优势

有人认为销售员是靠自己丰富的客户资料和经验吃饭，做的时间越久积累越多优势就越大。殊不知，销售也是一个青睐新人的行业。

销售员每一天都要保持蓬勃的工作状态，掌握新的市场行情，跟新的客户打交道，还要不断去推销新的产品。用“日新月异”这个词来形容一点都不为过，新人面对这种每日刷新的工作，自然更具优势。

新手的优势

1. 高涨的工作热情。

有一位销售新手和一位销售老手同时去一座办公大楼推销打印机，三个小时后，新手卖出了三台，而老手一无所获。老销售员有经验和技巧，但不具备新手的热情，所以铩羽而归。

对于新手来说，有效地利用自己的热情，会使你从容面对陌生的环境以及陌生的人。热情不但能传播快乐和幸福，还能带来订单和业绩。

正确地使用你的热情：

- 热情，但不能过分热情。
- 面对不同的人，掌握不同的热情分寸。
- 热情要发乎于心，不能让人感觉你另有所图。
- 热情也要落落大方，不能自贬身份。

2. 初生牛犊不怕虎的工作干劲。

大为第一次到某公司推销产品，该公司的负责人明明在办公室，就是不肯出来，还让接待员谎称自己不在。

大为非常生气，不管三七二十一就把负责人紧闭的门踹开了。负责人愤怒地跳起来，“你懂不懂礼貌，敢来踹我的门！”“我坐了三个小时车赶来，你却躲在办公室里不见，不懂礼貌的是你才对！”大为怒不可遏。对方一听也是个火暴脾气，正是“臭味相投”啊。

结果，不到一个上午，两个人就称兄道弟如同好友，不但签约，连支票也写好了。

像这样的情况，一个老手肯定会采取更迂回更合理的解决方案，但这种四平八稳的做法有时不如一次率性而为。

3．敏锐的工作洞察力。

销售新手一般都比较年轻，而年轻人的特点就是能迅速认清事物，接受新事物的速度快，反应也快。

米是一位电脑销售员。一次，她同朋友一起到酒吧聊天，突然公司让她发一个邮件给客户，搞得她不得不放弃一次约会，找网吧上网。

这次经历给了她很好的启发，她想：网吧和酒吧都是吧，能不能各取所长，有效结合呢？很快她就找了几家酒吧老板洽谈，试验酒吧网络服务，结果一拍即合，拿下了几份订单。

生活中的小现象往往透露出重大商机，新手凭借自己的快速反应，会取得意想不到的收获。

保持敏锐洞察力的训练：

- 经常同年轻人接触，看时尚类杂志。
- 养成关注新闻的习惯，每天至少看三份报纸或浏览网易、新浪等网站。
- 注意观察，随时收集自己的新发现。例如：竞争对手在主干路线铺大幅广告等。

4．了解既有做法，创新意识强。

某厂家生产的防滑垫进军各大超市，新手小王不知道他们的产品向来摆在家用厨卫货区，但他想，家里一般行动不便的老人才关注防滑的事情，就自作主张让超市将防滑垫摆在了老年用品货架上。结果一个月下来，这个超市

的销售量比其他超市高出整整一倍还多。

小王没有按照常规出牌，遇事肯动脑筋，创新地把防滑垫同目标消费者联系起来。新手入行，思路比较开阔，遇到常规问题，往往能另辟蹊径，寻找到更好的方法。

新手要认识自己作为新人的优势，同时也要具备做一个优秀销售员的素质，扬长避短，才能在工作中游刃有余。

成功销售员的素质

- 尽职的牧羊犬：现代人普遍缺乏责任感，作为一个销售新人，要建立负责任的观念，内可以让领导感觉孺子可教，外可以赢得客户信任。
- 坚忍执著的鲑鱼：新手对自己的职业前景不甚了解，常常半途而废。为此要给自己设定目标，然后就坚忍执著地前行。
- 脚踏实地的大象：大象行走速度慢，但一步一个脚印。脚踏实地的人能给人安全感，领导也愿意给你更多的机会。
- 勇敢挑战的狮子：对于难度高的任务要勇敢接受，这是对一个新手难得的磨炼机会。随时准备接受比别人更多的任务，以积累别人难以积累的经验。
- 善解人意的海豚：遇到问题进行换位思考，有助于问题的解决。为客户和公司着想的销售员才能从客户和公司那里有所收益。

演练

写出你的优势

目的：帮助学员树立信心，确定自己的优势。

道具：纸张、笔。

方法：

1. 每个学员在纸上写出自己的优势所在，多多益善。
2. 写完后放在工作夹中，日后可以每天看一看，问自己是否发挥了优势。

提示

一定要实事求是，有一是一有二是二，不可自欺欺人。

五、会销售就有成为亿万富翁的可能

只要你拥有成功推销的能力，那你就有白手起家成为亿万富翁的可能。

——美国亿万富翁鲍纳

销售行业一向被称为“职业中的职业”，销售行业的从业者为数众多。在日常生活中，销售人员就是最活跃最具生机的社会细胞，无论走到哪里都可以感受到他们的存在。人们说，只要有产品和服务在出售，就会有销售的职位在招聘。

在这个商品大流通的时代，如果没有销售员，流通将无法进行。销售员的吃香来自于市场的巨大需求，而且销售有一个其他职业无法比拟的优点，那就是一通百通，三百六十行，行行都销售。

20 世纪 80 年代初，小王是一家工厂的销售员，负责向全国各地的代销商提供纺织产品。到 80 年代末，工厂年年亏损，集体工厂被个体老板承包，转产毛绒玩具。老厂长和许多资深老员工都提前退休，小王却被留了下来，开始为新产品跑销售。

到 90 年代末，玩具行业竞争激烈，老板为了降低成本，要求员工竞争上岗，将近 1/5 的员工下岗待业，生活面临困境。相反，小王因业绩突出，老板在提成中给他增加了两个百分点，收入节节攀高。

2004 年，老板把公司卖给了德国人，产品重新定位于智能玩具，员工进行大换血，职位趋向年轻型技术人才。此时小王已经变成老王，可德国老总不但没有把他扫地出门，还特聘他为中国市场部的销售总监，荣升管理阶层，前途无量。

由小王到老王的变化，他分别经历了：

- 集体工厂—个体私营—外资企业。
- 纺织产品—毛绒玩具—智能玩具。
- 大锅饭—竞争上岗—特别聘请。

体制变化，产品变化，工作方式变化，每一个变化都有大量的工作者被淘汰出局，唯一不变的是小王一路走了下来。这种结局不是偶然，而是必然。因为无论谁当老板，生产什么产品，都需要有人把产品卖出去。产品的生产决定了销售的需求，销售的需求又决定了销售员的存在。武学上有“以不变应万变”的境界，在社会岗位上，销售就是一个可以不变应万变的职业。

销售的职业前景

人活着不只是为了有个饭碗。饭碗还有个金饭碗、银饭碗和破饭碗的区别。一辈子抱着一个破饭碗，或许能够三餐饱腹，但别人去听歌剧享受生活的时候，你就只能待在家看百无聊赖的肥皂剧。金饭碗就不同了，可以让你的人生境况像爬楼梯一样，不断提高，这就是职业前景所带来的差别。

1. 销售的“钱”景：

- 入行新手：底薪1000元以下+提成
- 普通销售员：1000～2000元+提成
- 部门销售主管：2000～3000元+提成
- 地区销售主管：4000～5000元+提成
- 跨地区营销总监：6000元以上+提成

销售员薪酬同业绩直接挂钩，产品销售和利润回馈同步，收益立竿见影，且工资无上限，只要肯努力收入会比上司还要多。

2. 销售的市场前景：

- 2005 年热门职业排行榜，销售类稳居榜首。
- 2005 年国际四大热门职业需求，销售人才为 No. 1。
- 未来对于专业销售人员需求，在房地产、汽车、商业零售业保持 10% 的增长率，在 IT 行业则达到了 13. 2% 的惊人增长幅度。

销售岗位门槛低，就业机会大，市场需求逐年增加。每一个新兴行业的兴起，都会带来大量的销售岗位。

3．销售的发展前景：

- 销售职业是晋升最快的职业之一。
- 优秀销售员的发展模式为：升职 + 提薪，业绩是唯一标准。
- 据统计，74% 的企业管理人员从事过销售工作。

销售工作的过程，也就是积累资源的过程，包括对产品的了解、市场的熟悉、渠道的掌握，同时还可以提高自身交际能力、协调能力，一旦时机成熟，便可自己创业。

一个职业有它与生俱来的优点，就销售工作来说，工资无上限、回报高、就业机会大，但另一方面也有它先天不足的地方，比如工作时间长、底薪低、工作辛苦且没有保障。优缺点两个方面都需要正视，尤其是对一个准备从事销售工作的新手来说，世界上从来就没有免费的午餐，做任何工作，都要承受工作带来的压力。俗话说得好：“吃得咸鱼抵得渴”，销售虽然辛苦，却是一条通向成功的黄金之路。

第二章

礼仪形象——营造第一印象

做销售如果不讲礼仪，
那和咸鱼有什么区别呀！

——改编自《少林足球》

一、礼仪是销售员的最好包装

销售员推销产品的同时也在推销自己，塑造良好的礼仪形象可以让客户在接受服务时心情愉快。有时候，销售礼仪比销售产品本身还重要。

礼仪是销售员的头等大事，自然也要从头开始。见面一张笑脸，目光直率沉稳，客户又怎么会拒绝呢？

礼仪形象是张活名片

夜色清凉宜人，一对情侣正在花前月下卿卿我我时，男的忽然忍不住握住女子的手，不停地亲吻。

“宝贝啊！你真算得上秀色可餐呀！”

“不过，你该懂得餐桌礼仪，不该用手抓东西吃啊！”

不懂礼仪连女朋友都会反感，更何况是客户。对于销售员来说，礼仪是一张活的名片，直接反映销售员的精神面貌，体现销售员对客户和工作的尊重程度。

礼仪的概念

销售礼仪是经营礼仪中的一种，具体是指人们长期在从事商品流通和服务行业等各种经济行为中逐渐形成并自觉遵循的一系列礼仪规范。

一个销售员应具备的礼仪素养几乎涵盖了销售活动中的各个细节（参见图2－1）：

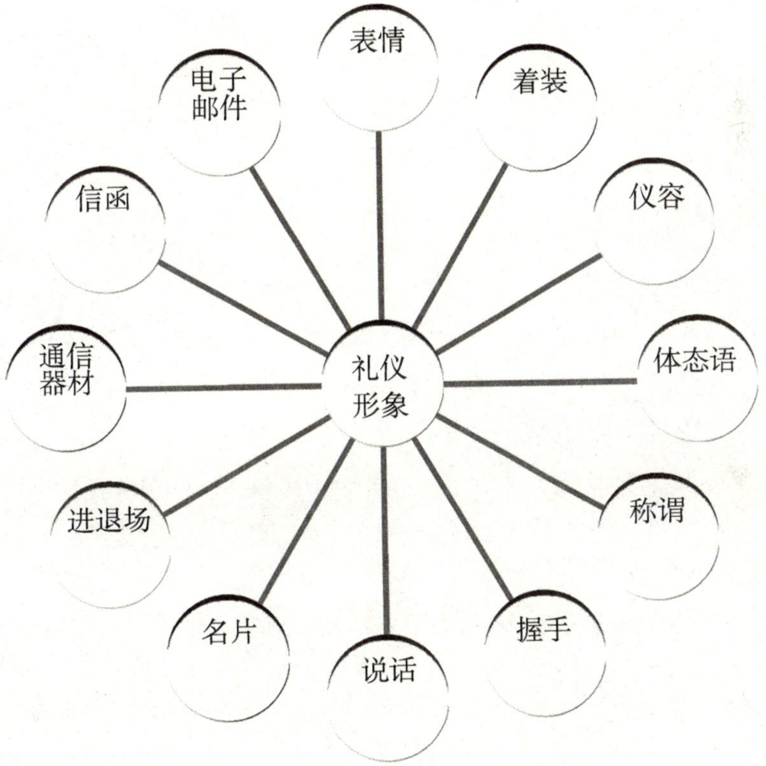

图2－1　销售员应具备的礼仪素养

礼仪是销售工作中的重要构成部分，关系着其他销售环节的进展程度，对一个销售员的影响非同寻常。

礼仪的重要性

1. 体现自身素质。

销售员销售产品，同时也在销售自己。优秀销售员必须树立有内涵、有修养的形象，客户才会欣然接受，并给予合作的机会。一个有魅力、有修养的人，自然走到哪里都会受到欢迎。

2. 创造良好的第一印象。

注重礼仪的销售员可以塑造个人的完美形象，给顾客留下最好的第一印象，让销售工作开始之前就赢得客户的好感，为接下来的合作打下良好基础。

3. 塑造公司形象。

销售人员在与客户接触时，代表的是公司的脸面和形象，因此有责任维护公司在客户心目中的美誉度，言谈举止都要对公司的形象负责。只有公司在社会上建立起良好的形象，客户才愿意接受公司的产品。

销售礼仪要活学活用

销售礼仪是销售人员的一张活名片，也是和客户交往的润滑剂和成功的催化剂。但这些礼仪只是一些原则性引导，不是束缚个人的条条框框。在实际应用的时候，要注意活学活用，不可生搬硬套。礼仪的学习结合自身的切实感悟，可以不断完善自身修养，塑造出最合乎自己个性和身份的良好形象。

演练

目的：检测对销售礼仪的认识程度。

道具：纸、笔。

问题：

1. 在纸上写出自己认为销售礼仪中应当注意的方面，每人不少于五项，并对自己进行单项评分（10分满分制）。

2. 将每人所列项进行统计，选出得票最高的五个礼仪点。

3. 分别就这五点进行开放式讨论。

提示

如果是个人演练，可以重点做第一项内容。

销售员的笑

微笑可以表现出温馨、亲切的表情，能有效缩短双方的距离，给对方留下美好的心理感受，从而形成融洽的交往氛围。销售员要做个“笑口常开”的人，就要学会微笑。

老马一向笨嘴拙舌，但每月的业绩都比同事高出很多。大家心中不平，认为老马运气太好。其实，老马的业绩并不靠运气，也不靠嘴皮子，而是靠了一张会微笑的脸。他知道自己不善言辞，但可以用微笑表达自己的真诚，获得客户的信任。

微笑的要求

1. 微笑要适度。

即使微笑是人际交往中最有吸引力、最有价值的面部表情，也不能随心所欲地乱笑。

试想，一个销售员同客户洽谈业务，开口前笑笑还可以制造融洽的气氛，介绍产品表现专业素质时也不停地笑，客户就会产生销售员工作随便，不认真的印象，从而影响合作。

2. 微笑要适时。

笑是一种快乐的情绪，但也不是随时随地都需要。作为一个销售员，临场情况至关重要。客户正因为某个问题大发雷霆，或正遇到某件事愁眉不展，甚至遇到什么不幸情绪低落时，微笑就得掌握分寸，以免造成幸灾乐祸的误会。

3．微笑要发自内心。

微笑之所以有力量，是因为发自内心。当一个人遇到喜事或心情畅快的时候，笑容就会自然流露。这是一种情绪的调节，是发自内心的。绝不能强颜欢笑，以免造成故意奉承的误会。

微笑练习的方法

1．G 字练习法。

每天早上起床后，对着镜子反复说“G”，并注意面部表情的变化。

2．道具练习法。

拿一支笔，轻轻夹在上下唇之间，感觉嘴的变化，此为露出 6 ~ 8 颗牙齿的微笑训练法；将这支笔放在上下牙齿之间，感觉面部表情变化，此为灿烂笑容练习法。

3．引导练习法。

闭上眼睛，调动感情发挥想象力，或回忆一些快乐的事情，并记住此刻微笑的甜蜜感觉。

会说话的眼睛

在人的所有面部表情中，最生动、最复杂、最富于表现力的就是眼睛。

“眼睛是心灵的窗户”，只要打开这扇窗，就会不自觉地流露出蕴藏在内心深处丰富复杂的思想感情。一个人的眼神可以瞬息万变，也可以传递某种无声的信息。

小王第一次见客户，由于紧张交谈时不敢正视客户的眼睛，即使勉强同客户对视，眼神也会立刻游离到别的地方。客户看他心神不定的样子兴味索然，小王也就匆忙结束了拜访。

事后客户说：“连我的眼睛都不敢正视，怎么合作？”

小王一心想藏起自己的眼睛，无视客户，等于是让客户一个人在唱独角戏。试想，这样的交流又有谁会喜欢？

优秀销售员在同客户交流时，总会调动全身的语言，尤其是运用目光的交流，而这也是心灵沟通的捷径。

目光交流要点

- 目光真诚、专注、柔和。
- 平视客户，把目光停留在客户眼、眉和下巴三点之间。
- 用眼神表达关怀和赞美，使客户从你的目光中看到自信、真诚和热情。
- 眼神的运用还要和语言及手势相结合，以求达到最佳表达效果。
- 眼神要有变化，活灵、活现，但变化要有一定的目的性。
- 把握眼神注视时间，一般占全部谈话时间的40%左右。

运用眼神的方法

1．点视法。

就是把目光停留在某个点上。销售员同客户进入正式交流内容时，可以用此种方法，能营造稳定的沟通氛围。

2．对视法。

就是正视对方的眼睛。销售员在同客户谈论到关键性比如价格这样的敏感问题时，可以直率地目视客户眼睛，表示你的坦诚，赢得客户信任。

3．虎视法。

就是目光威猛有神。销售是服务客户的工作，销售员在同客户打交道时尽量避免这种眼神，以免产生居高临下的错觉。若是遇到特殊情况，比如客户百般刁难，可以把握分寸地“虎视眈眈”一下，达到征服对方的效果。

4．凝视法。

就是目光凝注于一点。当客户对产品或合作意向表达自己的看法时，销售员可以用凝视的眼神，一来表现自己的专注，也是对客户的尊重；二来表示你正在认真思考对方意见。

5．环视法。

就是目光作环状扫视。当销售员进入客户工作区域时，可以环视观察周围情况，其余时间避免使用，否则会让客户认为你工作不专心或者在酝酿什么诡计。

二、穿出职业扮出风采

一个人走过来，第一眼看到的是身高，第二眼看到的是服饰仪表，第三眼才具体到五官长相。职业销售员要给人留下具有冲击力的第一印象，首先要在服饰和仪容上体现自己的职业素养，这也是对客户起码的尊重。

职业装代表职业精神

西方服装设计大师说：服装不能造出完美的人，但是第一印象的80%来自着装。对于随时同陌生人打交道的销售员来说，要有效地推销自己，掌握一定的着装技巧是非常必要的。

有个销售员穿着一身运动装去推销西服。

销售员："我们的西服选用最好的面料，最合理的剪裁，却拥有最低的价格。"

客户："那么哪里能买到？"

销售员："我可以立刻提供。"

客户："不，我是问你的运动装。"

销售员错误的着装会显得不够专业，给客户造成错位的感觉。

着装 TOP 原则

1. T（Time）时间原则——着装随“时”而变。

时间有白天和夜晚的分别，也有春夏秋冬的差异，同时还要紧跟时代步伐。

销售员的服装不能给人时空错位的感觉，白天穿晚装或者夏天穿厚重服饰，都是失败的着装。销售员应该适时适衣，这样才不会让客户敬而远之。

2. O（Occasion）场合原则——场合不同装束不同。

场合可以分为正式场合和非正式场合。正式场合男士要穿西装打领带，女士要着职业套装，这样才显示出专业气质；如果是非正式的商务聚会，就要换休闲装。这样能更快更好地融入大氛围，成为其中一员。

3. P（Place）地点原则——着装入乡随俗。

地点即所处地点或准备前往的地点。如果是去客户家里拜访，可以穿职业套装，也可以穿干净整洁的休闲装；如果拜访时准备当场示范产品功效，则宜穿轻便的服装。这样可以增加亲和力，使客户更容易接受。

TOP 是着装大方向性的原则，具体到销售工作中的男性和女性，又有很多不同的注意事项。

男性销售员的着装建议

- 衬衣：可以穿白色或带浅亮花纹的衬衣，但不要穿深花纹的衬衣。保持领口、袖口清洁，并且一定要扣上风纪扣。
- 西装：不要让西装背部留下头皮屑，不要追求时髦，穿过分华丽的西装，颜色以浅花纹类黑色、黑青色、灰色最佳。西裤要笔挺，裤长以稍盖住皮鞋为佳。
- 皮鞋：要穿黑色或褐色（西装为褐色时）的单色皮鞋，款式尽量简单。如果鞋跟磨损了，应换一双。皮鞋应该擦好，并系好鞋带。
- 袜子：袜子不要松落，颜色最好与皮鞋一致。

1. 穿西装的原则。

- 拆除袖口商标，不卷不挽。
- 巧配内衣，毛衫慎穿。
- 熨烫平整，少装东西。

2. 不同款式领带。

- 斜纹：代表着果断权威、稳重理性，适合在谈判、主持会议、演讲等场合。
- 圆点、方格：体现中规中矩、按部就班，适合初次见面和见长辈或上司时用。

- 不规则图案：表示活泼、个性，体现创意和朝气，比较随意，适合酒会、宴会以及约会。
- 领带夹：已婚人士的标志，应在领结下3/5处。

女性销售员的着装建议

- 从事业务活动的场合要穿西服套裙，并穿中上档次的服装。
- 穿中性色调如灰、黑、肉色的长筒袜，不要让丝袜松落，不要有破损。
- 裙子长短适中，不要让裙子有褶皱，不要让里面的衬裙露出来。
- 夏天最好不要穿露趾凉鞋，更不宜在办公室内穿凉拖，容易给人懒散的感觉。
- 佩戴的饰品以不妨碍工作为原则。
- 要善于运用丝巾或羊绒巾，以提高着装的时尚指数。

女性穿着禁忌：

1．忌穿着暴露。

夏季女士们喜欢“清凉”的服饰，但是这样的服装并非适合所有的场合。在正式场合如果穿着过露、过紧、过短或过透的衣服，如：超短裙、紧身裤等，容易分散客户注意力，同时也显得销售员不够专业。除此以外，还要注意切勿将内衣、衬裙、袜口等露在外衣外面。

2．忌“内衣”外穿。

穿着居家便服很舒适，但是在公共场合这样穿则显得非常失礼。在家里或宾馆的房间里接待来宾和客人时，绝对不要只穿睡衣、内衣、短裤或者浴袍，这对男士也同样适用。

演练

目的：提高销售员着装专业度。

道具：纸、笔。

问题：

1．两人一组，互相给对方着装评分，列出五个优点和五个缺点。

2．对不足处提出改善的建议。

3．互相交换纸片，根据对方意见检查自己的着装。

优点：________________________________；

优点：________________________________；

优点：________________________________；

优点：________________________________；

优点：________________________________；

不足：______________建议：______________；

不足：______________建议：______________；

不足：______________建议：______________；

不足：______________建议：______________；

不足：______________建议：______________。

提示

个人演练，可以针对自身情况自行对着装进行评估，列出优点和不足。

专业才有仪容美

爱美之心人皆有之，但容貌是父母所赐，无法改变。所以就有了很多化妆的技巧来修饰容貌，塑造一个理想形象。

作为销售员，不需要有化妆师的技术，但要体现作为销售人员的职业精神。

有个仪表堂堂的销售员上门推销图书。

销售员：“这是一本看完就可以让人仪表堂堂的书，不过看书之前先看看这张照片。”

客户：“这个乞丐是谁？”

销售员：“就是看这本书前的我。”

销售员的仪容也直接参与销售过程，并影响销售结果，所以要予以重视。

仪容 TOP 原则

时间（T）：白天的工作时间，可以化淡妆，这样能给客户清雅大方的感觉；如果是夜晚，因为光线不够充分，可以适当加重妆容。

场合（O）：与客户会面，可以化淡妆，既让客户觉得庄重，又不会分散对方的注意力；参加正式的商务社交活动，比如晚宴，妆容要配合灯光效果，打造隆重的感觉。

地点（P）：在私人会所，可以根据个人喜好选择妆容。但在公众场所，不可以当众补妆，否则容易给他人视而不见的感觉，比较失礼。

以上原则大方向是用于所有销售人员，细节更偏重于女性销售员。具体来说，男女在仪容上有不同的要求。

男士仪容

- 以洁为本。
- 头发：不要留长发，要注意发型的整理，并清除头皮屑。
- 鼻子：不要让鼻毛露在外面。
- 嘴巴：杜绝口臭，并保证牙缝中没有食物残渣。
- 嘴唇：在干燥季节，注意脱皮现象，可以适当用些滋润型唇膏。
- 眼睛：炯炯有神，不要让客户看到一双布满血丝或疲倦困顿的眼睛。
- 耳朵：时常清除耳道内分泌物。
- 下颌：胡须要刮干净。
- 指甲：修剪整齐，不可留长指甲。

注意事项：

第一，男性销售员在日常工作和生活中都无需化妆，但需要保持健康、整洁的仪容。这样既可以增加自己的形象分，又可以让客户产生信心。

第二，因为生理原因，男性皮肤比较粗，毛孔大，汗液和分泌物比较多，容易积聚污垢，引起细菌感染。所以男性销售员也要注意适当的美容，比如用一些男性品牌的洗面奶或男性面膜等。

第三，男性也要养成自我保健意识，不要让客户看到面黄肌瘦的销售员。如果正好做保健品推销，那客户会立刻对你的产品产生怀疑。

女性仪容

- 以端庄高雅为标准。
- 可适当化淡妆，不用深色口红或眼影。
- 长发要梳理整齐，最好盘起来，不要用色彩鲜艳的头花装饰品。
- 指甲剪成月牙形，涂自然色的指甲油。
- 可适当使用香水，尽量选择清新淡雅型香味。

注意事项：

第一，女性销售员的妆容一定要与气质相配合，这样才能塑造一个形神俱备的你。

第二，妆容要有一定的时尚度，不要21世纪的人还化20世纪的妆，怀旧妆容会使销售员和客户产生“代沟”。

第三，化妆切忌跟风，要选择适合自己的，并突出自己在性格上的特点。

第四，女性化妆“俗”为大忌，有些女性喜欢把自己化得“神采飞扬”，殊不知过犹不及。

需要提示的是，销售员要内外兼修。注重仪容是外在修饰，培养气质、加强自身修养才是形象好的重要部分。高雅的气质更多来源于内在涵养，对于销售员来说，归根结底还是要通过广博的知识来武装自己。内外结合，相得益彰，才能魅力永固。

测　试

表2－1　最佳销售仪容检测表

请对着镜子，进行自我检测			备　注
有头屑，头发凌乱	是	否	☆发现任何不达标的地方，请立刻予以改正。 ☆如果所有点都能达到标准，就可以满怀信心地投入到工作中了。
眼角有分泌物	是	否	
指甲内有污垢，或过长	是	否	
指甲上有残存指甲油	是	否	
睡眠不足，精神恍惚	是	否	
脸上胡子拉碴	是	否	
饭后未曾漱口	是	否	
耳朵上佩戴挂坠（男士戴耳饰）	是	否	
眉毛蓬乱	是	否	
外耳郭有明显分泌物	是	否	
身上有异味（烟味、酒味等）	是	否	
脸上有油光或汗水	是	否	
用浓烈香水	是	否	
牙齿有黑色结石	是	否	
眼镜有磨损或不洁	是	否	

提示

每项有“是”“否”两个答案，“是”得－1分，“否”得1分，不涉及记0分。

三、体态语，无声亦可胜有声

销售员同客户多是一面之交，相互之间不可能有深层次的了解。初次见面时，往往习惯性地从言谈举止间搜索信息。

体态语虽然不是有声语言，却是客户第一印象中的重要组成部分。客户会在心里给销售员的体态语给出分数，而这个分数将直接影响今后的合作以及合作的程度。

坐，要有坐的样子

坐姿就是坐的姿势，是体态美的主要内容。销售员在同客户接触的时候，往往要坐下来仔细交流合作意向，这时坐的姿势将透露出销售员的修养。正确的坐姿可以体现销售员的专业度和对客户的尊重程度，给客户良好印象。

小王第一次上门拜访客户，对方客气地请他坐下交谈。小王一屁股坐下，立刻发现自己被“埋”进了绵软的沙发中。小王自知失礼，赶紧调整身体位置，结果又发出了吱吱的声音。

客户被搞得哭笑不得，小王不懂坐姿，结果就“坐”失良机！

坐姿的要领

首先，入座时首先要观察座位的位置，如果在后方，则走到座位前，转身把右脚向后撤半步；如果座位在前方，则先绕到前面，然后由左侧入座。

其次，坐在椅子上，头要正，肩要平，腰部挺起，上身笔直，双目平视前方，表情自然亲切。双臂可以自然弯曲放在膝盖上，也可以放在椅子或沙发扶手上，两脚平落地面。

再次，对于男性来说，坐下后两腿之间应留一拳的距离；女性则两腿并拢，并向一侧倾斜成流水形。

1．销售员常用坐姿。

- 正襟危坐：最基本的坐姿，适用于最正规的场合。要求：上身与大腿，大腿与小腿，小腿与地面，都成 90 度角，双膝双脚完全并拢。
- 垂腿开膝：多为男性正规场合使用。要求：上身与大腿，大腿与小腿，小腿与地面皆成 90 度角。双膝分开，保留一拳距离。
- 双腿叠放：适合穿短裙子的女士采用。要求：将双腿一上一下交叠在一起，交叠后的两腿之间没有任何缝隙，犹如一条直线。双腿斜放于左右一侧，斜放后的腿部与地面呈 45 度夹角，叠放在上的脚尖垂向地面。
- 双脚交叉：适用于各种场合，男女皆可选用。要求：双膝并拢，双脚在踝部交叉。交叉后的双脚内收或斜放，但不可向前方远远直伸出去。
- 前伸后屈：女性适用的优美坐姿。要求：大腿并紧并向前伸出一条腿，然后将另一条腿屈后，两脚脚掌着地，注意双脚前后要保持在同一条直线上。
- 双腿斜放：适用于穿裙子的女性在较低处就座使用。要求：双膝并拢，双脚向左或向右斜放，使斜放后的腿部与地面呈 45 度角。

2．学会正确的坐姿，还要避免一些不良习惯。

- 就座时身体摇摆不定，弄出怪异声音；
- 双腿过于叉开或跷二郎腿；
- 坐下后随意挪动坐椅或抖动双腿；
- 坐下后再站起来整理服装。

走姿是对动态美的有力表达

在体态语中，走姿最能体现动态美，显示一个销售员的风度和韵味。正确而富有节奏的走姿可以产生积极向上的自我暗示，同时给客户留下干净利落的印象。

俗话说“走路一阵风”，销售员掌握正确的走路姿势，就可以“风姿绰约”地走向未来了。

有个走路歪歪斜斜的销售员上门推销坐姿矫正器。

销售员：“这是目前最有效果的矫正器，使用后保证您的孩子不会弯腰驼背。”

客户：“是吗，但是你们卖不卖腿部矫正器呢？我倒想为你订购一台。”

一个连路都走不稳当的销售员出现在客户面前时，客户头脑中的反应就是：这个人做事不够稳妥，紧接着合作的可能性也就不存在了。客户容易把对销售员的看法附加到销售员的产品和日后合作中去。试想一个不会走路的人，谁愿意结伴同行呢？

走姿要领

- 正确的走姿应从容、平稳，尽量走直线。
- 走时身体直立、收腹直腰、两眼平视前方，双臂放松在身体两侧自然摆动，脚尖微向外或向正前方伸出，跨步均匀，两脚之间相距约一只脚到一只半脚的距离，步伐稳健，要有节奏感。
- 起步时，身体微向前倾，身体重心落于前脚掌，行走中身体的重心要随着移动的脚步不断向前过渡，而不要让重心停留在后脚，并注意在前脚着地和后脚离地时伸直膝部。
- 男步稍大，步伐矫健、有力，展示阳刚气质 ；女步略小，步伐轻捷、含蓄，体现阴柔之美。

学会正确的走路姿势，还要注意一些禁忌：

一是步子忌过大或过小，身体忌乱晃乱摆。

二是双手忌反背于背后，以免造成傲慢呆板的感觉。

三是身体忌前俯、后仰，或两个脚尖向里侧或外侧呈八字形走步。

手姿，最具表现力的体态语

手姿即手臂姿态，是指人们在运用手臂时，所出现的具体动作和体位。在日常交往中，手姿是不可缺少的一种体态语言。

得体适度的手姿，可以增强感情的表达，并在与客户交流中起到锦上添花的作用。但在会谈时手势不宜过多，动作幅度不宜过大，要掌握适当的分寸，给客户含蓄有礼的感觉。

大刘到某公司推销玻璃艺术品，对方主任对一款武士造型的产品非常满意，想作为奖品颁发给公司的先进职工。

大刘一看生意有望，赶紧拿样品给主任看。可是递送的时候没注意让武士手里的剑冲向了对方，而且没等对方接稳就撒手了。

样品打碎在地，好好的生意也被大刘一“手”打破了。

手姿规范

1．手姿标准。

五指伸直并拢，腕关节伸直，手与前臂形成直线。在做动作时，肘关节弯曲 130 度左右为宜，掌心向斜上方，手掌与地面形成 45 度角。

2．手姿示意。

掌心向上的手势代表一种诚恳、尊重他人的含义；掌心向下的手势意味着不够坦率、缺乏诚意；攥紧拳头暗示进攻或自卫，也表示愤怒；伸出手指来指去，是要引起他人的注意，含有教训人的意味。作为销售人员，尽量采用掌心向上的手势，以免给客户带来负面影响。

销售员常用手姿：

1．手持物品。

销售员在跟客户接触时，经常要携带一些产品做样品介绍，这样对样品的持握就要遵守稳妥、自然、到位的原则。

2．递接物品。

销售员和客户之间经常有资料或合同的递送，递送时以双手为佳，如不方便，则以右手为佳；递送物品要站立并主动上前，将物品直接交到客户手中。当物品是文字性资料时，要让正面面对对方；若为尖锐物品，则务必使锋利方朝向自己。

3．接取物品。

为表示尊重，销售员从客户手中接物时要起立并主动靠近。注意眼睛要目视对方，而不是盯在物品上。

还有一些手势在销售行当中禁止使用，如：

- 指指点点或随意摆手，给人随便的印象；
- 端起双臂或手插口袋，造成态度傲慢的感觉；
- 摆弄手指或搔首弄姿，缺乏对客户的基本尊重。

演练

目的：通过情景练习，让销售员互相观摩彼此体态语，达到互相学习、自我完善的目的。

道具：椅子、拜访包（可用随身包代替）、资料一份（有文字的纸张即可）。

规定情景：椅子所在范围是客户办公室。

问题：

1．两人一组，为 A、B 双方。

2．首先 A 扮演客户，坐在椅子上；B 扮演销售员，带拜访包走入客户办公室，入座，并将资料从包中取出，递送给客户。

3．完成后 A、B 互换角色。

提示

1．客户和销售员在以上三个步骤中可以随机设置简单对话，关键注意每一位体验者走路、入座和提送物品姿势是否正确，一组完毕，当场点评，优点予以肯定，缺点予以指出。

2．如果是个人演练，可在家人或朋友帮助下按上述模拟情景自行操练。

四、销售员的见面“礼”

面谈是销售工作中的重要环节，见面如何轻松自然地打招呼，如何用合适的称谓称呼对方，怎样握手不失礼仪又能博得对方好感，这都是迫切需要解决的问题。

打个招呼好开场

中国是礼仪之邦，打招呼是最基本的礼貌。销售员和客户初次见面，先要说“您好”、“打扰了”之类的话，一来可以缓和初次见面的尴尬，二来营造良好气氛，有利于业务展开。如果是熟悉的客户，打招呼可以增进感情，有利于长期的合作。

小孙到某公司拜访客户，因为是第一次单独行动，比较紧张，一路上都在背准备好的见面词。见到客户后，连个“您好”都没说，就开始一五一十介绍产品。

客户耐心听小孙背完，然后对他说：“你有两个选择，要不先打个招呼重新来过，要不向后转离开这里。”

小孙一时语塞，不知如何开口，只好灰溜溜离开了。

瞧瞧，这就是不重视打招呼的后果。

打招呼的四要素

1．热情的态度。

热情是一种具有感染力的情绪，可以直接影响到客户的心情。销售员用热情的语气同客户打招呼，客户的回应也会跟着变得热情洋溢。反之，销售员越冷漠，客户的回应也就加倍冷漠。

2．专注的目光。

销售员在同客户打招呼时，目光要专注于对方的眼睛，这不仅出于礼貌，还可以给客户一种震撼的感觉，能使双方感情迅速拉近。

有人认为男性销售员如果这样注视他的女客户，会给人不尊重的感觉。其实这是很错误的想法，因为女士更需要异性热烈的关注。试想，谁会拒绝一双又真诚又会说话的眼睛呢？反而是那些呆滞、死板的目光让人兴味索然。

3．真诚的笑容。

销售员以微笑为武器，而真诚就是这武器的锋芒。销售员和客户很多时候都以陌生人的身份面对，而真诚的笑容会拉近彼此之间的距离。优秀的销售员还会用笑容打消客户的逆反心理。

4．体态的配合。

销售员同客户打招呼的同时，要点头，身体前倾，并放慢脚步（如果在走动时），这样配合热情的态度、亲切的目光和真诚的笑容，就堪称一个“立体式、全方位”具有主动性和优雅性的招呼。

演练

目的：训练打招呼的基本礼仪。

道具：椅子。

规定情景：椅子在客户工作区域。

问题：

1．主持人扮演客户，学员作为销售员轮流向客户打招呼。

2．后面学员不可以重复前面学员打招呼的内容。

提示

1. 打招呼不但要注意内容方式，还要注意表情和体态的配合。
2. 如果是个人演练，可以对着镜子跟自己打招呼，并观察面部表情。

合适的称谓很重要

选择称谓贵在恰当，要合乎常规，并照顾对方的个人习惯。销售员和客户之间是利益共同体，也是商业合作的关系，对客户称呼要庄重、正式、规范。

小王和小崔同时去见一个客户，并且都知道对方姓贾，是研发部的工程师。

见面时，小王说："贾工，我们的产品在市场上价格最低，质量最好。"贾工程师听了面色一沉。小崔说："总工程师，我们的产品虽然价位稍高，但设计新颖，符合现在流行趋势。""哪里，我只是普通工程师，还没到'总'的程度。""您太谦虚了，您年轻有为，总工程师还不是早晚的事。"

不言而喻，一个"总"字既避免了"贾"同"假"谐音的尴尬，又巧妙地给对方戴了高帽，合作自然水到渠成。

销售员要具备小崔这种应变能力，就要了解称谓的分类。

称谓的类别

1. 职务性称呼。

销售员直接称呼客户的职务，表示对客户尊敬的前提下又突现了客户的身份，是一种最常见的称呼。一般来说，可以直接称呼职务，例如"主任"、"经理"等；也可以在职务前加上姓氏，例如"王总"、"李科长"等。

2. 行业性称呼。

以行业类别来称呼对方，主要适用于那些优越性强、社会口碑好的职业，例如教师、律师、医生等。具体称谓可以在职业前加姓氏、姓名。

3．职称性称呼。

销售员以客户的职称相称，可以强调对方知识分子的身份，增强客户优越感。具体称呼可以只称职称，也可在职称前加姓氏或姓名，例如“总工程师”、“陆工”等等。

4．性别性称呼。

这是一种在商业领域中约定俗成的称谓方式，男性可以统称“先生”；女性未婚者称“小姐”，已婚者称“女士”。

5．通杀类称呼。

古有“三人成师”之说，“老师”这个称呼在中国不仅局限于专职教师的称谓，也是对自己尊重者的敬称。销售员以“老师”称呼客户，将自己放低位，创造谦虚学习的姿态，可以给客户好感。

演练

目的：通过练习，学会对称谓的选择性使用，要因时因人随机应变。

道具：无。

规定情景：

地点：餐厅。

客户：史文娟（女性，年龄在50岁左右）。

职位：×公司采购部主任。

问题：

1．在规定时间内列出对该客户五种合适称谓，多多益善。

2．统计后，找出最合适的称谓三种。

3．如个人演练，列出自己认为最满意的称谓。

握手，心与心的交流

美国著名女作家海伦·凯勒说：我接触的手有能拒人千里之外；也有些人的手充满阳光，你会感到很温暖……

对于销售员来说，与客户握手不仅是身体上的接触，还是心灵的初步交流，能够给客户留下深刻印象，并在彼此间搭起积极交流的平台。

小白平时非常随便，一次去见客户，对方主动伸手，小白习惯性地拍了一下对方指尖。客户立刻笑笑说：“小伙子是江湖中人吧，连握手也用了蜻蜓点水的功夫，真是佩服。”

小白立刻醒悟，但为时已晚。

可见，不懂握手，客户便会流出销售员的“掌握”之中。

握手的方法

- 握手时，走到与对方一步远近处，上身稍向前倾，两足呈立正状。
- 握手时，双方的手应该在虎口处交叉相接，拇指张开下滑。
- 握手要有力度以显示真诚，时间不必过长，通常握一下便可分开。

握手的注意事项：

一是握手中的优先原则：第一是“尊者优先”，在上司面前，要由上司先伸手；长辈面前，长者先伸手；客户面前，客户先伸手。第二是“女士优先”，男销售员同女性客户握手时，要待对方伸手后再握。

二是握手的力度要因人而异。销售员与客户初次见面，属于礼貌性握手，用力要适度。过轻会流于敷衍，过重则产生不快；销售员与客户长期合作，私交甚好，可适当用力或延长握手时间。但要注意的是，在任何情况下握手都不可用大力，以免使对方产生疼痛感。

三是销售员在与客户握手时，可以适当说一些问候性语言，以加强对方印象。

四是握手时要配合恰当的面部表情，不可戴手套或墨镜，更不能拒绝同客户握手。

五、面谈中的礼仪

销售面谈中最重要的一个字眼是“谈”，并不是说口才好就能谈得好，这其中包括了说话的很多技巧，比如温和的语气、恰当的语调等。

说好话给客户留下好印象，掌握时机递上一张名片，给客户做个小小“备忘录”。再加上礼貌的进退场，怎能不在客户心中增添好感呢?

做个会“说话”的销售员

人们说销售员练的就是“嘴上功夫”，此话虽有偏颇，但也道出了“说话”对于销售工作的重要性。

销售员同客户交流，主要依赖语言。销售员在工作过程中，要时刻保持饱满的工作状态，说话要注意抑扬顿挫，达到缓和有力的最佳效果，从而使客户闻之如沐春风。

小马是电磁炉销售员，他向客户展示样品，两分钟内将工作原理、品牌优势、质量三包、售后服务说完。小马对自己的口才洋洋得意，可客户却摇摇头离开了。

其实不是产品不好，是小马语速太快，用客户的话说就是“像闪电一样”，还时不时问客户“你懂吗”，语气生硬，似乎是老师在教育小学生。

面对这样说话的销售员，即使产品再好客户也不会接受。

销售员要学会说话，雅俗共赏说好话，就要从语气、语调、语速三方面进行自我修养。

语气

就是说话的口气。对于销售工作来说，说话的语气比说话的内容重要。一个优秀销售员对客户说话应尽量采用亲切柔和、自然轻松的语气。

语气的类别：

1．陈述语气。

销售员最常用的语气，比较平易近人，客户容易接受。

客户：“这个碟柜看起来不错。”

销售员：“您很有眼光，这款产品采用了今年最流行的黑白离间设计，构造更加合理科学，取拿方便，不会对碟片造成磨损。”

陈述客户想听的，简单明了，能很好地体现销售员的职业水准。

2．一般疑问语气。

销售员可以用提问的方式找到客户的诉求点，这样既可以打消客户疑虑，又可以节省销售的时间。

销售员：“您比较喜欢什么颜色？我们这里有红、黄、绿三种色系的杯子。”

客户：“红色吧。”

这样销售员可以立刻提供客户满意的产品，促成交易。

3．反问语气。

在书面语言中，反问是一种修辞的方式，可以增强感情，加强语言鼓动的力量。但销售员对客户要有服务理念，反问语气显得蛮横、粗野，客户听了会心生不快。

客户："你们产品可以保证质量吗?"

销售员："我们的产品都有三包，怎么没有质量保证?"

4．命令语气。

请求客户配合或做某事时，不能发号施令，一定要礼貌、客气。

销售员登门拜访，对客户说："你家灶台全是油，应该换一套厨卫。"

这样的命令，客户显然不会买账。

语调

就是说话时语音高低、升降以及轻重虚实的变化。语调是语言表达中的第二要素。

语调能突出重点，加强语气，增加感情色彩，还可以起到修饰语言的作用。

语调的表现形式：

- 升调：情绪亢奋，语流运行状态是由低向高，语尾音强而向上扬起。一般用于提出问题、等待回答时。例如：销售员向客户询问意见时。
- 降调：情绪稳定，语流运行状态由高向低，语尾音弱而下降。一般用于陈述句、肯定句等。例如：销售员向客户介绍样品时。
- 平调：情绪沉稳，语流运行状态基本平直，语尾语首差不多在同一高度。一般用于庄重严肃、思索回忆的时刻。例如：销售员同客户进行谈判的时候。
- 曲调：情绪激动或情感复杂，语流运行呈起伏曲折状态。多用于语意关联、言外有意、幽默讽刺等语句中。销售员应予以避免。

销售员禁用语调（参见表2－2）：

表2－2

语　调	示　例	点　评
烦躁的语调	客户："还有赠品吗?" 销售员："你是买产品还是要赠品来了，没有没有!"	客户不是销售员的垃圾情绪收集站，即使销售员心情不好，也要耐心对待客户

（续表）

语　调	示　例	点　评
嘲讽的语调	客户："这台电脑可以看碟片吗？" 销售员："自己看吧，碟片都不能看还叫电脑！"	嘲笑客户是销售员的大忌，也是对人极不尊重的表现，并且会激化矛盾，最后只能不欢而散
傲慢的语调	客户："你怎么这样啊？" 销售员："我喜欢怎样就怎样！你有什么资格跟我说话！"	这样咄咄逼人的语言根本谈不上"服务"二字

语速

就是说话的速度。在日常交际中，过快和过慢的语速都会产生交流障碍。销售员在工作中要尽量保持中等语速，以圆滑顺畅为第一原则。语速分为以下几类：

- 视觉型：语速较快的人。这样的销售员常常见什么说什么，结果毫无逻辑可言，说了一堆话没有一个中心思想，让客户无所适从。
- 感觉型：语速较慢的人。这样的销售员在同客户交流中总显得落后一拍，像个哲学家，而不是一个反应灵敏的销售员。
- 听觉型：语速快慢适宜的人。这样的销售员能迅速融合到客户说话语速中，形成互动性强的交流氛围，会给客户带来舒服的谈话体验。

好的销售员不仅控制自己的语速，还要控制客户的语速。通常要先适应客户语速，在这个基础上，适当地加快或放慢语速，以求与对方语速同频率，这样做可以得到对方心理上的认同。

演练

目的：通过练习强化对于语气、语调、语速的把握。

道具：相声小段《下棋》。

问题：两人一组，表演相声，看哪组最能把握相声这门说话艺术，评选出表演最生动有趣的一组。

《下棋》

a：你爸爸好人啊！

b：啊，就是。

a：他爱好挺多。

b：是啊。

a：他好下棋。有一天他非得拉我下棋。

b：那就和他下吧。

a：下到最后，我剩一士，他剩一相。

b：那就和棋啦。

a：你爸爸不和。

b：不和？可谁也将不了谁了啊！

a：你爸爸说，咱改规矩，士相都过河。

b：是啊？

a：你爸爸相过河之后就拿他的相来“相”我的帅；我士过河后，我就拿这士“士”你爸爸的将。

b：还有这事儿！

a：你爸爸拿相“相”我，我拿士“士”你爸爸……

b：啊？

a：你爸爸相我，我士你爸爸；你爸爸相我，我士你爸爸……

b：去你的吧！

提示

个人演练时，可以一人分扮两个角色，更能体会说话的技巧。

递出小小“备忘录”

名片是销售员的“面子”，也是交到客户手里的“备忘录”。销售员递出名片，也就是在告诉对方自己是谁，销售何种产品，公司地址以及如何联络等等。名片是销售员重要的书面介绍材料。

小王是个销售新手，这天到某公司推销产品。进门后见人就发名片，等到同经理见面时，只剩下一张带污渍的名片。

经理接到这样的名片，只敷衍了小王几句，便打发他走了。

“名片满天飞”确实是一个好的销售策略，但运用要得当。况且，名片的使用有其礼仪规则，如果乱发乱送，不但失礼，更会妨碍工作。

递送名片要点

- 面带微笑，注视对方。
- 将名片正面对着对方，用双手的拇指和食指分别握住名片上段的两角递送。
- 如果是坐着，应立刻起立或前身递送。
- 递送名片时要配合必要的客套话，例如：“我叫某某，这是我的名片，请笑纳。”

递送名片顺序：

- 客户优先，体现对客户服务的态度。
- 女士优先，表示对女士的尊重和关注。
- 长者优先，这是基本的道德规范，表现对长辈的尊重。
- 如分不清职务高低和年龄大小，可以先和自己对面左侧方的人交换名片。

接收名片要点

- 接收他人名片时，应尽快起身。
- 面带微笑，用双手拇指和食指接住名片下方的两角。
- 接收时要有礼貌性回应，例如：“能得到您的名片，深感荣幸”等。
- 如果初次见面，最好将名片上的重要内容读出来，以示重视。
- 如果自己没有名片或没带，首先要表示歉意，再如实说明理由。

让你的名片引起重视的方法

- 除非对方要求，否则不要在年长的主管面前主动发名片。
- 对于陌生人，要掌握发名片时机，过早会有推销自己的嫌疑。

● 不要在陌生人中到处传发名片，否则会被认为是低级推销员。

● 交换名片时如果名片用完，可以用干净的纸张代替，并在上面留下必要的资料。

演练

目的：通过练习，让学员们掌握递、接名片的礼仪。

道具：名片。

问题：

1. 将学员五人组成一组，选择人流量大的地点，向陌生人递交名片，并在可能的情况下索要对方名片。

2. 五人要互相监督，不得徇私舞弊。得名片最多者为优胜。

3. 以组为单位收集在过程中遇到的问题，集体讨论。

提示

如果个人演练，可以做第一项，然后自行总结经验。

进退有“道”

销售人员与客户面谈时，前后有一进一退两个大的步骤。进，是指销售员进入客户工作或生活的场所，取得面对面交谈的机会；退，是离开客户工作或生活场所，结束销售面谈环节。这两个方面不直接参与面谈，但直接影响面谈的效果和日后的合作。故此，销售员要掌握进退礼仪，做到任何情况下都能“全身而退”。

有个销售员上门推销防身手册，他到一户人家发现门开着就直接进去了。

正在午休的房主太太以为是个盗贼，抄起棒球棍将销售员打飞到门外。

销售员重伤在地，感叹道："看来她已经有一本防身手册了！"

虽然这是个笑话，但这个销售员在进入客户住宅时没有敲门，最后落得个被赶出的下场。要避免类似事件发生，就必须掌握进退礼仪。

进场要点

- 敲门：用两根或三根手指弯曲后轻轻敲打，不可用整个手掌拍打，以免打扰对方工作。如果配备门铃，则按一下即可，不可长时间反复按。
- 等待：等待时不要左顾右盼，作焦躁状。可以利用这一空闲为见面做基本准备工作，例如：整理一下服装，想一想第一句话等。
- 开场白：也就是自我介绍，此点将在后面章节中详细论述。
- 询问是否接受：客户如没时间接待或明确表示没兴趣，不可纠缠，应礼貌离开。

退场要点

- 询问其他事宜：面谈顺利完成后，可以问一些后续事宜，例如：什么时候有答复，需要什么样品等等。
- 道谢：为客户在百忙之中抽出时间表示诚挚的谢意，例如：占用您的时间不好意思，请您继续工作。
- 放好座椅：座椅的位置尽量放到原来位置，如果不确定，可以靠墙摆放。
- 收好水杯杂物，关好门：关门要轻，尽量不要弄出噪音。

六、电话、信函、邮件样样有礼

销售人员要不断地同客户交流信息，除会面以外，电话、信函、电子邮件是现阶段最为主要的沟通方式。虽然不是面对面的接触，但电话中的一句话，信函中的一个字，都会透露出销售员个人的工作态度，体现自身素养。

接打电话的礼仪

电话，包括移动电话和固定电话，是目前生活中最常见的通信、交往工具，电话的使用礼仪也是公共关系中的重要内容。

电话礼仪不仅反映了销售员个人的情绪、文化修养和礼貌礼节，同时也反映整个公司的职员素质。

某客户要购买一款新式电动车，打电话给A、B两公司。

A公司销售员正在吃饭：“喂，这是休息时间，过一会再打吧。”说完挂断。

B公司销售员：“您好，您要的这款产品价格是××元，有三种颜色可供挑选，还提供送货服务，不满意绝不收款……”

同样的客户，不同的电话接待就会出现完全不同的结果。如果你是客户，当然也会喜欢那个懂得电话礼仪的销售员。

接电话的礼仪

- 电话铃一响，应尽快去接，最好不要让铃声响过五遍。
- 拿起电话首先自报家门，例如：“您好，这里是××公司××部”。
- 电话用语应文明、礼貌，态度应热情、谦和、诚恳，语调应平和、音量要适中。一定不能用很生硬的口气说“打错了”、“不知道”等。
- 接电话时，对对方谈话重要内容应简明扼要地记录下来，例如：时间、地点、联系事宜等。
- 电话交谈完毕时，应尽量让对方结束对话，若确需自己来结束，应解释、致歉。通话完毕后，应等对方放下话筒后，再轻轻地放下电话，以示尊重。

打电话的礼仪

- 选择适当的时间。商业电话尽量在工作时间打，合理避开吃饭、休息时间，更不可在下班时间打。
- 首先通报自己的姓名、身份，在对方方便的情况下再开始交谈。
- 电话用语应文明、礼貌，内容则要简明、扼要。
- 通话完毕说“再见”后，再轻轻放下电话。

信函往来，自古有礼

销售员有时候会通过发放商业信函的形式，寻找自己的客户。信函属于传统的信息流通方式，自古就有一套比较严格的书写格式，并有自身商务性特点。

经理要小张给某客户主任发一封合作协议，小张不太熟悉商务信函写作，就简单把合同寄给了对方。

合同虽然专业详细，但客户却说："连封普通商业信函都懒得写，看来根本没诚意合作。"

小张在工作中忽略了商业信函的作用，结果导致客户流失。做销售工作并不一定笔杆子要有多好，但一定要掌握普通商务信函的写法，否则煮熟的鸭子也会飞走。

信函书写要点

- 称呼：指对收信人的称呼。如果收信人明确，则直接称呼××经理或主任，如果不明确收信人，可称呼××公司。
- 开头语：没有固定格式，如果是第一次通信，可以作简单必要的自我介绍。注意开头语一般同正文分开，自成一节，以简为佳。
- 事由：即主体，可以直接写明信件的重点，行文简明扼要，以节省看信人的时间。
- 结束语：作用是总结文本所谈内容，并提出发信人的要求，例如：望来信来函订货等。另外也可以加一些客套祝词，例如："心情愉快"等。
- 签名：写在结束语下面，最好是亲笔签名，表示对对方的重视。签名下面也可注上发信人的职务。

这是某公司小王写的一封新产品介绍商务函，请找出错误的地方。

您好：

我公司最新研发产品：必胜（Tj－99系列）绿色脂类调节促生长剂。替代饲用抗生素及化学合成药物。本品可以调节脂肪代谢，降低胆固醇含量；有效抗氧化，改善肉色；提高屠宰率和瘦肉率；无毒副作用，无有害残留。

适用范围：畜禽。

添加量：全价饲料为0.05%～0.1%。

公司地址：××××××××

电话：×××××××××

××公司（盖章）

请找出这封信函中的错误，加以修改。

不足1：__________修改：__________；

不足2：__________修改：__________；

不足3：__________修改：__________；

不足4：__________修改：__________。

商务信函的注意事项：

1. 如果可以，销售员应尽量使用公司专用信封，一来比较正式，二来发信人姓名和联系方式非常齐备。

2. 写完要进行认真校对，避免出现错别字等低级错误。

3. 回复客户信函要迅速及时，抢到先机就能获得商机。

参考答案

错误1：信函开头没有称呼。

错误2：开篇未对公司作必要介绍。

错误3：信函主体不够完善，提供的信息不明确。

错误4：没有恰当的结束语。

错误5：没有签名。

修改：

××公司：

本公司是一家从事植物提取技术及生物技术研发的企业，成立于2000年，以技术创新、产品创新为立足点，最新研制出必胜（Tj－99系列）绿色脂类调节促生长剂，该技术获得了国家科技部农业科技成果二等奖。

必胜（Tj－99系列）绿色脂类调节促生长剂，替代饲用抗生素及化学合成药物。本品可以调节脂肪代谢，降低胆固醇含量；有效抗氧化，改善肉色；提高屠宰率和瘦肉率；无毒副作用，无有害残留。

适用范围：中大鸡、中大鸭、生长肥育猪。

添加量：全价饲料为0.05%~0.1%。

欢迎各界朋友来电来函咨询订货，并祝贵公司生意兴隆，财源广进。

电话：××××××××× 联系人：王××

公司地址：×××××××××× 邮编××××××

王××（签名）

××公司（盖章）

E-mail，不可无礼

伴随着网络的普及，人们对网络的依赖日益增加。传统的商务信函逐渐被操作简单、成本低廉的电子邮件所代替。销售行业也同其他行业一样，享受着电子商务的便捷。

销售员为寻找客户或洽谈合作而发送邮件，在写作上虽不必像传统信函那么正规，但多一些礼仪、多一些尊重肯定更能获得收信人的好感，最低限度不会产生副作用。

公司研发出最新产品，让小周给所有老客户发一封电子邮件，介绍新产品。

小周平时很少用电脑办公，不太熟悉邮件格式，没有明确的标题，也不注意网络文字简洁的特点，附件内容过多，很多客户邮箱容载不了。

结果，一封回复都没有收到。

邮件用于商务活动时间并不长，销售人员可能平时用的机会不是很多，但一旦使用，必须先进行学习，以免损害自身利益。

电子邮件书写要点

1. 切记：收信对象是一个“人”，而不是没有感情的机器。

电子信息通过电脑网络传递，有时会忘记交流的对象是远程的人。电子邮件和写信一样，要有一定的感情投资。

2. 电子信件“标题”要明确且具描述性。

邮件标题应尽量写得具有描述性，或有与内容相关的主旨大意，让人一看即知，以便对方快速了解与记忆。

3. 信件内容应简明扼要。

简明扼要的内容，有利于提高沟通效益。一般信件所用的开头语、客套语、祝贺词等，在在线沟通时都可以省略。尽量掌握“一个信息，一个主题”的原则。

4. 考虑他人电脑的容量。

为确保对方能读到自己发出的信息，撰写邮件时应特别注意传送对象，考虑其是否有系统的限制。

5. 避免使用太多的标点符号。

标点应正确合理使用，不可为了强调某事胡乱使用，例如：“!!!!!”等。

6. 附件功能的使用。

因为电子邮件系统自身不完善，常常造成附件乱码或丢失的情况。如果可能，尽量直接将内容撰写在信件中。若一定要使用附件功能，最好注明附件的撰写软件，例如：“本信附件内容撰写软件为 Word 6.0 for Windows”。

演练

目的：强化发送电子邮件的礼仪。

问题：

1. 拟订一份介绍新产品的电子邮件，分别发送给五个朋友。

2. 用附件形式发一份调查，由收件人填写。

调查：该产品介绍邮件是否让你反感？

邮件是否存在格式方面的错误？

你是否有兴趣将所有内容阅读完毕？

你能否一眼明白新产品的主要优势？

这样的邮件能否引起你对产品的兴趣？

你认为有什么需要改进的地方？

1. ________________________________;

2. ________________________________;

3. ________________________________。

提示

使用电子邮件前，先思考一下，为何不拿起电话直接与对方聊聊或约个时间面谈呢？别忘了，电子邮件的沟通缺乏太多人类熟悉的沟通辅助。俗话说“见面三分情”，即使是使用电话，状况也会完全不一样的。

第三章

电话销售——看不见的客户看得见的交易

世界上最遥远的距离不是生和死，
而是握着电话却不能把产品卖给你！

——改编自《星愿》

一、一线万金的电话销售

电话销售，是指销售员通过电话技术与客户接触，了解和发掘客户的需求，从而与客户建立起信任关系，并满足其需求。

现在，电话作为一种有效的销售工具，已经被大多数销售人员所采用，并在销售的各种方式中逐渐处于领先状态。

电话是桌子上的一个宝藏

在英国，电话销售的定义就是一切远距离销售；在美国，电话销售提供 800 万的就业机会，而每年大约有 5000 亿元的营业额来自电话销售。说电话是办公桌上的宝藏一点不为过，关键就看你对这份宝藏的重视程度了。

有三个犯人被送入牢房服刑三年，其中一个是美国人，一个是法国人，还有一个是犹太人。

监狱长说每个人进入监狱前都可以开一个条件。美国人是个烟鬼，希望监狱长每天给他一根雪茄；法国人非常浪漫，希望监狱长提供一个长腿女性相伴；轮到犹太人时，他说我不要雪茄，也不要美女，只要给我一台持续可以跟外界沟通的电话。监狱长一一满足了三个人的愿望。

三年后，美国人首先冲出来，借火点他的雪茄；随后法国人跑了出来，后面跟着一只长腿的雌鸵鸟；最后犹太人神采飞扬地出来，并且要送一辆跑车给监狱长。因为在这三年当中，犹太人用那部电话联系客户，管理公司，生意越做越大，业绩增长了470%。

这个故事的启示就是，如果你与世隔绝，只要有一部可以跟外界联系的电话，一样可以创造出惊人的财富。

最新研究表明，电话销售是继平面广告、电视广告、报纸广告之后的一种新媒体，它的宣传性不可低估。同时，对比走访销售和店面销售，电话销售显然是一种更具现代气息的销售方式和手段。随着现代通信技术的发展，电话销售的重要性和可行性也在不断增强。

电话销售的优点：

- 销售员在办公室里就能够扩大销售，降低了销售的成本，提高了产品的利润。
- 电话销售不用敲门就能走进潜在客户的办公室或住宅。
- 销售员可以充分利用时间，即使在不方便出门的日子，例如阴雨天气，也可以顺利进行产品销售。

学会七招就有打不完的电话

> 很多做电话销售的人常常抱怨说：一天我至少要打50个电话，我上哪里找那么多电话打！我的电话都打完了，简直束手无策！

电话真那么少吗？事实并非如此。以北京为例，2001—2005年，北京市固定电话用户净增508.7万，年均增长率达16.6%；移动电话用户数净增1116.3万，年均增长率达到33.7%。一方面是如此动人心魄的数字，另一方面却是没有电话可打的烦恼，要解决这个问题，销售员就要掌握获取电话名录的七种方法。

获取电话名录

1．抓住机会，随时随地交换名片。

大家都知道最伟大销售员的“名片战略”，所以每个销售员都要养成随时跟他人交换名片的习惯。这是获取电话名录最简单，也是最有效的一种途径。

某企业家谈到他见过最厉害的销售员，说这个人一见面就主动递送了名片。

企业家功成名就，觉得没有必要同一个小业务员打交道，就借口说没带名片。

没想到这个销售员立刻掏出准备好的一张纸对他说：“没关系，能得到您手写的名片，是我莫大的荣幸。”企业家接过纸片一看，上面整齐列着姓名、电话等项目，他也只好一一填写，并对这个销售员留下了深刻的印象。

抓住机会并不是空口说白话，交换名片也要体现出作为一个销售员的真诚度，否则，那些高高在上的大人物凭什么把名片递到你手上？

2．充分利用黄页。

黄页上登记着很多电话号码，虽然大部分电话销售都有黄页，但是有90%的人没有认真分析和利用。作为一个销售员应该充分重视黄页，因为：

- 所有上黄页的公司都非常重视电话号码，否则他们也不会把自己公司的电话号码打上去。
- 黄页上有你找的人和公司的号码，分类详细，寻找客户具有一定的针对性。

3．不妨试一下114查询。

114信息台是一个专业的信息联络中心，对于电话销售员来说，是一个搜集情报的好地方。另一方面，电话销售也可以同114信息台进行合作，以获得更多的上门客户。

有一个做培训的小学校，效益不是很好，经常招不到学生。后来灵机一动，同114信息台合作，再有查询培训的，就把他们学校电话告诉对方，结果，一年后这个小学校不但规模扩展，还要筹备开一个分校。

4. 向专业的电话名录公司购买电话号码。

这是一个信息社会，有效信息当然需要花费一定的银两，这是无可厚非的事情。因为你用 1 元买来的号码，很可能给你带来 1 万元，甚至是更高的收益，所以，前期的资本投入是必要的。

宝洁公司在中国已经有 17 年历史，其中家喻户晓的海飞丝和飘柔都是宝洁公司产品。宝洁公司当初进入中国之前要做调查，就向中国电信公司购买了十万个电话名录，价格是 1 元一个，一共花了 10 万元。然后打这些名录做咨询，像中国人喜欢什么样的感觉，喜欢什么样的洗发水之类，之后才有了今天海飞丝和飘柔的成功。

5. 对专业报纸、杂志进行整理。

很多公司，尤其是大公司，喜欢订阅报刊，浏览完毕后当做废纸按一斤几毛钱的价格出售。其实这是资源的巨大浪费，尤其是对于电话销售员，完全可以从上面找到很多可用信息。

亚洲保险王后陈明莉，在新加坡做保险业务的时候就对利用报刊有自己的一套方法。

每当报纸上报道一些新贵新富时，她就把照片以及有关他们的媒体报道剪下来，然后做成一份漂亮的函件，把剪下的报纸复印好之后贴在那份函件上。

信中写道："先生（女士），看到您在报上发表的这篇文章，看到您的媒体报道我深受感触，觉得您是我值得尊敬和学习的一位朋友，我希望能够亲自聆听到您的意见，我很荣幸地希望您能给我一点时间去拜访您，我的电话是××，我是从事××行业……"

过去两三个星期，当媒体对新贵的追逐平淡下来时，陈明莉再打去电话问候，过了名人热的新贵往往态度热情。这样，她就成功地获得了一次邀约机会。

6. 网络查询。

网络是个巨大的信息资源库，人们常说"在网上，没有找不到的东西"，的确，网络的广博使我们真实感受到全世界每一个角落的信息。所以，当电话销售员没有电话可打的时候，别忘了动动你的鼠标。

7. 建立永久性电话簿。

所谓永久性，就是不会丢失的意思。每天销售员都可能会见新客户，拥有新朋友。但有的人一辈子只见一两次面，万一丢掉他的电话号码，也就永远失去了同他联系的可能。

销售员王芳对保存电话名录有自己的一套方法。

一般，她都会随身带一部文曲星，每当获得新客户电话，首先储存在文曲星中。过一段时间再输入到电脑中，并拷贝一份刻盘保存起来。

王芳说，即使我的手机丢了，电脑坏了，我的客户资源还完好保存在备份盘中，绝对万无一失。

另外，还可以请老客户介绍。有条件的销售员，尽量参加一些商务性质的聚会，对拓展人脉很有帮助。如果你有胆识，还可以同竞争对手交换资源。

二、销售电话的准备活动

很多销售员在工作时，抓过一个电话名录就开始全身心投入工作，往往败多胜少，这就是不注意做准备的结果。

衡量一个电话销售员业绩的不是花多少时间在电话上，而是花了这些时间所带来的效益。事实上，做好准备比蛮干更能表现销售员的专业素养，也更能提高工作业绩。

打电话前的“预热工作”

根据80/20法则，电话销售80%的时间都要花费在准备工作上，而剩下的20%才用来打电话。重视做准备工作的销售员会在20%的时间内创造出80%的绩效。而那些不做准备的销售，常常丢掉自己的客户。

既然准备如此重要，从哪里开始呢？答案是销售员自己。

在运动场上，选手在比赛前总是做一些轻跳，或者大喊几声，目的是通过这些手段调动全身机能，进入战备状态。销售员也是如此，电话就是赛场，打电话前必须想办法把自己调动起来。

刘明明刚开始做电话销售时，总是遭遇无情拒绝。

一次她打电话给客户，对方听完介绍后，要她三天后再打来电话，到时他会作出决定。三天后，刘明明第二次给这个客户电话，她非常紧张，害怕客户直接告诉她拒绝订购。而她越紧张，客户越有可能不买。在打电话前，刘明明感觉自己仿佛已经丢了这单生意。

但是，那个客户意外地给了她一个工作上的大转折，因为客户在电话里告诉她，他决定订购产品。刘明明当时感觉世界突然发生了翻天覆地变化似的，一切都在朝着美好的方向发展。

有了这次的经历，刘明明就在每次打电话前告诉自己：客户已经准备买了！结果，很多时候，客户就真的买了。

这并不是什么魔咒的作用，而是刘明明调动起积极的工作热情，这在电话销售术语中被称为“预热工作”。

两个“预热工作”方案：

- 最好在拨打每一个电话前，都告诉自己：接下来的这个电话，很有可能是我一生的转折点，或者是我现状的转折点。
- 打电话前进行几次深呼吸，让自己尽量放松，想象对方就是你的朋友。

做好电话情景预案

> 销售员打出一个电话，什么情况都有可能发生。销售员在打电话前必须设想所有情况，做多手准备以应对客户。

王海刚做销售不长时间，工作热情很高。

王海：您好，是××公司刘总吗？

客户：是我。

王海：您好，您好，我是××公司的王海呀！（这个客户找了很长时间都找不到，这次终于老天有眼）

客户：哦，我正在开车，回头再打电话给我。

王海：只要占用您几分钟，我们公司的新产品……（处于兴奋状态的王海根本没注意到客户开车接电话非常危险这个事实，一味滔滔不绝。）

客户二话不说，将电话挂断。

王海的工作热情值得肯定，但由于没有做好准备，他不知道对方开车时应该怎样处理，一厢情愿想跳过去，结果，客户自然不会买账，而且很可能对王海甚至他的公司都留下了恶劣印象。

所以，花点时间做情景预案是很有必要的。参见表3－1。

表3－1

可能发生的事情	应对策略
电话需要转接	注意礼貌用语，并强调有预约
客户直接接听电话	随时准备同客户沟通
客户不在，助手接电话	问清楚什么时间回来，再打过去
客户在开会	再次约时间，然后准时打过去
客户正接见重要客人	同客户定好大约多长时间后打过去
客户正大发雷霆	……
其他可能情况	……

情景预案

目的：练习特定情景的应对策略。

道具：无。

问题：

1. 根据前文，假设客户接到电话时正怒火中烧，请学员对这种情况提供应对策略。

2. 每个学员所提供的策略都不可以重复前面学员的方法。

3. 找出最优秀的策略，让学员记录下来备用。

提示

如果个人演练，可自行设计应对策略。

想到客户头脑中的问号

电话销售中最糟糕的情景就是被客户问得哑口无言，不知所措。这个时候，客户会不会怀疑销售员的专业能力？又会不会进一步怀疑公司的专业水准？事实上，客户不但会怀疑，而且绝对不会再有购买行为。

电话销售，尤其是刚刚入行的新手，在实战经验不足的前提下，必须对客户提问做些预案，想象客户会问什么，准备好答案，这样就有80%的保证了。

客户在电话中通常会问什么

1．你们有没有这样的产品？
2．刚才你说的那两种产品有什么区别？
3．价格是多少？有没有折扣？
4．你们的服务怎么样？
5．产品质量有问题怎么办？
……

客户总会有各种各样形形色色的问题，但万变不离其宗，客户问的目的是要了解他要购买的产品，销售员只要做好自己产品的专家，对这些问题也就手到擒来了。

以问题对问题

客户对产品提问有时候是很随意的，一般想到哪里问到哪里，销售员如果一味跟着客户思路走，往往要转上很大的圈子。针对这种情况，销售员不妨在回答问题的同时，给客户提出问题，引导销售快速达成。

还是上面客户的问题：

1．客户：你们有没有这样的产品？

销售员：当然有，品种很多，请问您对产品有什么特别要求吗？

2．客户：刚才你说的那两种产品有什么区别？

销售员：A类产品比较大众化，B类产品在设计上加入了许多女性元素，请问您是要给自己购买吗？

3．客户：价格是多少？有没有折扣？

销售员：定价是780元，您觉得可以接受吗？（如果难以接受，可以再介绍其他低价位产品）

4．客户：你们的服务怎么样？

销售员：您觉得××的服务怎么样？我们做得比他们还要专业。

5．客户：产品质量有问题怎么办？

销售员：我们有365天24小时上门维修，产品购买一个月内免费更换，一年内主要零件免费更换，这么好的保障，您还有什么其他担心！

……

销售员根据客户的问题提出相应问题，这样可以提高工作效率。当然，这也是客户提问预案中的一部分。

三、电话接通后至关重要的三件事

当电话接通的那一刻，销售也就开始了。电话那边的客户没有很多空闲时间，也没有好的耐性，销售员必须在短之又短的时间内作自我介绍、了解客户需求，并抓住时机卖出产品。

30 秒精彩开场

很多销售员认为打电话最困难的就是接通后的 30 秒钟，因为你必须在这么短的时间内对自己、公司及打电话的原因作扼要介绍，并保证客户听完不至于挂断电话。

30 秒内要解决的三个问题

- 你是谁？即介绍自己。
- 你的公司叫什么？即介绍公司。
- 你为什么打这个电话？即介绍你打电话的原因。

高松第一次打电话给某客户，他精心准备了开场。

高松：您好，是马先生吗？

客户：是，有何贵干？

高松：您好，马先生，我是××公司销售部的高松，××公司已经成立八年多了，跟××著名企业长期合作，不知道您是否听说过？

客户：抱歉，毫无耳闻。（电话挂断）

在这个开场白中，高松说了两件事：第一，他是谁，属于自我介绍；第二，他的公司叫什么，属于公司介绍。三点做了两点，但最后得分仍旧不及格，原因是：

- 没有说明给客户打电话的原因，主题切入太慢。
- 在最宝贵的时间内讲客户根本不关心的内容，像公司成立年限、跟谁合作，对客户来说属于垃圾信息。

30 秒钟只不过是弹指之间的事情，但这 30 秒是否精彩，却直接影响到后面程序的进展。一个优秀的电话销售员，会在半分钟内给客户想要的信息，并调动对方兴趣。

还是上面的情景，高松换一种方式，效果会好很多：

高松：喂，马先生吗？

客户：是，有何贵干？

高松：马先生，您好！我是××公司销售部的高松，我打电话给您的原因是许多像您一样做××的公司都接受了我们的服务，并有效地降低了生产成本。请问贵公司是否也需要这方面的服务呢？

客户：哦，我对此也有所耳闻……

这样，销售员就抓住了这个傲慢的客户，从而赢得合作机会。

每个销售员电话连线的客户不同，也要注意采取不同的方式，在这方面需要灵活机动的应对，因为客户的背景都是不尽相同的。

不同背景客户的开场

1. 客户转介的客户。

销售员通过某个客户介绍获得一个新的客户时：

李小姐，您好，我是××公司的高松，您的好朋友张明丽是我们的老客户，他介绍我给您打电话……

2．接触过的客户。

公司与该客户有过一两次接触，但那是很久以前的事情了，这时：

周先生，您好，我是××公司的高松，您在半年前给我们打过咨询电话，我们也提供给您一些建议，过后都没有跟您联系，是我们工作疏忽。这次打电话给您，是想询问您是否有什么宝贵意见……

3．关系好的老客户。

公司与该客户长期合作，私交也甚好的情况下：

销售员：张先生，我是××公司的高松啊，最近可好？

客户：太累了！

销售员：那可要注意身体呀，不知道今天我能不能给您解解压，因为我们公司最近推出了一款××服务套餐……

怎么用好30秒，销售员要发挥个人的创新能力，不要拘泥于他人经验，更不要拾人牙慧。例如："我只占用您一分钟时间"，或者"我们的产品在搞大赠送"之类，因为这些话客户耳朵都听出茧来了，而那种开始就大张旗鼓说什么免费赠送的，不但不会吸引客户，还会产生诈骗嫌疑。

第一时间了解客户需求

要卖给客户产品，首先要了解客户需要什么样的产品，这是销售员打电话时起码要做到的事情，也是第一时间要做到的事情。

对客户需求了解的三个步骤

第一步：大而全

在这个阶段，销售员要知道客户对产品的大体要求。

销售员：请问您想要一台什么样的DVD？

客户：不要太贵的，如果体积小一点就更好。

销售员：对品牌有什么偏爱吗？

客户：没有，体积小一点就行。

第二步：小而准

在这个阶段，销售员要提炼出客户对产品最关心的一个性能点。

销售员：您好像对体积的要求比较高啊。

客户：没办法，我经常搬家，我使用的家电基本都是迷你型的。

第三步：总结证实

销售员根据上面获得的信息，向客户复述他理想中的产品。

销售员：原来是这样，那您是想要台既小巧，价格又适中的DVD，是吗？

客户：基本是这样的。

三步走适用的前提是客户有明确的需求，他要体积小的、价格便宜的，说得明明白白，销售员见招拆招非常轻松。

除此之外，还有的客户不明确说明自己要什么，但他会抱怨自己的困难，这就是客户的潜在需求。

挖出客户潜在需求

销售员：请问您想要台什么样的DVD？

客户：随便吧，也没想好。不过，我原来的DVD就是因为机身大，搬家时碰坏的。而且那机子买的时候还特别贵，现在却只能当破烂处理！

销售员：那您不妨换台迷你型的，我们这里有三四款，价位都不高。

客户：是吗？你具体说说。

……

这个客户想要小而便宜的，但不好意思说，所以就拿反面教材讲给销售员听。这时，销售员就要注意客户的抱怨点，因为每个抱怨点都代表着客户的潜在需求。

接下来销售员只要把客户的潜在需求变成明确需求就可以了，这个转变可以通过适当的提问来完成，例如：您是想要价位偏低的产品吗？您看小体积的机器怎么样？如此再进入到三步走程序当中，就能准确了解客户需求了。

推荐产品的两个联系

从前面的案例中可以看出，明确客户需求的同时，意味着推荐产品的时机来到了。这是电话销售中最期待的局面，因为一旦开始给客户介绍具体产品，表示真正的销售开始了。

但开始销售，并不代表就会有成功的销售，这还要取决于销售员推荐产品的水准。

推荐要同产品特点联系起来

尽管销售员明确了客户的需求，但根据需求介绍的产品，却并不一定能引起客户购买的兴趣。

因为大多数客户在购买产品时，除了一些自己的要求外，总还希望产品附加一些惊喜给他，如果这个惊喜不能实现，客户就觉得有所缺失。

还是前面购买 DVD 的客户：

销售员：我们有一款月光宝盒 DVD，机型小巧，而且只要 370 元。

客户：是吗……（满足了需求，但还是很犹豫）

销售员：除此以外，这款机器还设置了跳跃功能。您经常看碟片，大概也会对开始读碟时的长广告感到不耐烦吧！

客户：没错，但没法快进啊！

销售员：我们这款机器在遥控器上单独有一个跳跃键，您只要在读碟时按一下，所有的广告都会自动跳过，直接进入主题菜单。

客户：是吗，这倒不错。你说这款机器多少钱来着？（客户现在真正考虑购买了）

这个销售员的成功之处，就是在满足客户需求的同时，拿出产品一个特点强化客户购买欲望。客户则在自己预期之上，得到了一个意外收获，满意加满意，自然会购买产品了。

推荐产品要同客户利益联系起来

客户付出的是金钱，换回的是利益。销售员在电话中向客户夸夸其谈的时候，反映到客户头脑中只有一个问题，那就是：我能得到什么？

而且所有的客户都想用最低的付出，获得最高的利益回报，这也是人类的普遍心理。销售员在推荐产品的时候，就要着重强调产品能给客户带来的好处，这包括产品本身具有的优越性，也包括良好的售后服务，甚至是各种购买赠送。

同样是上面的DVD客户：

销售员：我们有一款月光宝盒DVD，机型小巧，而且只要370元。

客户：是吗……（又在犹豫不决）

销售员：其实，这款机器是第一次投入市场，所以厂家为购买者提供了很多附加服务。

客户：哦？（买了能有什么好处？）

销售员：比如，您可以获得一张免费维修卡，持有这张卡您可以在指定维修点维修任何家电，300元以下费用全部免除，300元以上费用，您也可以享受六五折优惠。另外，您也可以凭借发票，享受购买同品牌其他产品的折扣优惠。

客户：是吗，我的手机正好出了点小毛病，能不能修啊？

销售员：当然可以。

客户在种种好处的吸引下，自然而然就接受了产品。

不过，现在附赠品不像以前那么吸引客户了，所以这个部分销售员还要掌握尺度。如果满足需求是给客户吃的主菜，那产品亮点就是佐餐美酒，至于附加利益，只是饭后甜点，不可喧宾夺主。

四、有效排除电话障碍

销售员做电话销售遇到障碍是不可避免的，电话接通了，但是秘书会设置重重关卡，想方设法把你过滤掉。好不容易杀过此关，客户又会提出种种抗议为难你。畅通无阻的电话有没有，没有！但别挠头，因为排除障碍有法可循。

破解秘书的“三板斧”

很多销售员打出一个电话，通常是由秘书代替目标客户接通。秘书一旦确认你的身份是销售员，随便找个借口便挂断电话，销售员们只能是“出师未捷身先死”了。

秘书，在某些公司或者叫做前台，她们是老板或经理的电话门卫，负责电话过滤工作，并且具有很强的判断能力，在长期的工作中练就了“三板斧”的绝招。

“三板斧”之三个盘问问题

- 你是谁？

- 哪里的？
- 有什么事？

别小看这三个简单的问题，很多销售员就是在这“三板斧”下灰飞烟灭的。

销售员：您好，是××公司吗？

秘书：是的，请问你是哪里？

销售员：是这样的，我是××公司的刘东，我想找一下王总。

秘书：王总很忙，请问你们是做什么的？

销售员：啊，我们是做企业培训的。

秘书：对不起，我们刚做完培训。（电话挂断）

刘东在跟秘书进行的对话中，完全暴露了自己，秘书很容易分辨这就是个销售电话，自然毫不留情将其过滤。这一局，销售员可谓是全面溃败。

破解“三板斧”

1.“你是谁”破解法。

秘书接到电话，通常会先问对方是谁？销售员报上自己的名字，反映到秘书头脑中就是一个陌生人，警惕性随之提高。

- 抢先进攻法。

秘书接通电话。

销售员：您好，请找一下王总。（避免对方提出问题）

- 扮作朋友法。

秘书：对不起，能不能问一下您是哪位？（秘书不上当，第一板斧迎头劈来。）

销售员：你们王总知道的，我是刘东！（制造跟王总关系很熟的假象）

2.“哪里的”破解法。

秘书问销售员是哪里的，也就是想知道是否同这个公司有过业务来往。

- 回击法。

秘书：哦，刘先生，贵公司是？

销售员：我是××公司的，你可能不知道，请问贵姓啊？（表示对秘书的尊重，同时“你可能不知道”可以理解成你级别不够。问对方姓名则是给秘书施压，秘书如果考虑你是上司朋友的话，也不敢得罪你。）

秘书：我姓肖。

- 精神贿赂法。

销售员：肖小姐，你工作可真认真！（适当夸赞，千万不可露怯。）

秘书：没有，这也是例行公事。

3.“有什么事”破解法。

销售员避过前面两斧后，在这里更要小心谨慎，以免在最后一刻被过滤掉。

- 强调重要法。

秘书：刘先生，您能不能告诉我您有什么事，我也好跟王总请示。（该秘书经验丰富，仍旧不上当。）

销售员：我知道你们王总日理万机，所以不重要的事情我也不会找他。（甚至可以说关系多少钱的生意，但不要过于夸大。）

- 强度难关法。

秘书：能不能跟我具体说一下呢？（该秘书摆出一夫当关万夫莫开的姿态非要挖你老底时，不妨棋走险招。）

销售员：肖小姐，你不给我转这个电话，知道你们公司将面临多大的损失吗！（或者直接质问对方“为什么不让我跟王总通电话，难道这是王总交代的吗？”不过，不到万不得已，这种方式还是少用为妙。）

当然，在某些情况下，销售员也可以开诚布公地告诉对方，我是个销售员，但是个能给贵公司带来重大利益的销售员。令接电话的秘书在销售员真诚的态度下，可能会手下留情。

电话对抗全攻略

“兵来将挡，水来土掩”，销售员用尽浑身解数说服客户购买，客户却雷打不动，用几句简单的借口进行对抗，对此，销售员也要有自己的战略战术。

最常见的客户对抗

- 我不需要……
- 我没准备买……
- 我现在很忙，没时间……
- 没钱！
- 我不感兴趣……
- 我已经买过你们的产品了！

客户面对一个销售电话的时候，不管你卖什么，多么优惠，他第一反应就是拒绝。但是，销售员应当知道，拒绝是客户的习惯行为，你只要有适当的对策，还是有很大机会被客户接受的。

对抗攻略

1．我不需要……

当然，张先生，您最有资格评判我们的产品对您是否有价值，但也许看到产品您会有新的想法。后天下午我恰巧到贵公司附近，顺便上去拜访一下您，好吗？

面对这种对抗，销售员首先要肯定对方，然后提出建议，制造一个面见或下次接洽的机会。千万不要说“我们产品这么好，您怎么会不需要”之类的话。

2．我没准备买……

张先生，如果我说完您就买，那才是稀奇呢！但是我们的产品，对您一定是有价值的！这样吧，下周一上午或下午，我们谈一谈，到时您再作决定也不晚。

销售员对客户的借口表示早在意料之中，让客户感觉自己已被识破，心理优势降低，在这种情况下容易接受销售员退而求其次的建议。

3．我现在很忙，没时间……

张先生，我知道您很忙，所以今天我也不想打断您的工作计划，只是跟您预约一下面谈时间。您看，我是周二还是周三登门拜访呢？

客户可能真的很忙，也可能只是借口，但为了快点摆脱销售员，会作出让步，同意销售员登门拜访，这样销售就可以继续进行了。

4. 没钱！

张先生，您真是坦白又直率，能同您交朋友是我的荣幸。要知道现在大家都没有闲钱，但我们的产品不是奢侈品，而且在不添加额外费用的前提下可以提高效能，这样不也是为您省钱吗！

客户没钱，销售员就替他省钱，客户防守失败，销售员就可以抓住机会介绍产品了。

5. 我不感兴趣……

张先生，您自然没兴趣了，因为您还完全没有了解到我们产品的优异之处，像它的××功能，是市场其他产品所不具有的。不如，我拿样品给您亲自看看，相信您一定会感兴趣的。

客户没有认识销售员的产品，当然也提不起购买兴趣。在这种情况下，销售员首先拿出产品亮点吸引客户，然后尽量争取面见机会。

6. 我已经买过你们的产品了！

张先生很有眼光，我们的产品代表最新市场趋势。当然您作为老客户，更能体会到我们产品的优秀，我想您也不愿意错过新产品吧。不如，让我给您介绍一下……

老客户对产品有一定的了解，如果没有“你们的产品太差了”或“我买了后悔死了”这样的反应，那就表示客户对产品认同。这时，销售员可以拿新产品吸引客户，毕竟，好东西大家都不想错过。

演练

目的：通过实际操练，锻炼学员从不同角度解决客户对抗的能力。

道具：无。

问题：

1. 假设一种客户对抗，例如：我朋友就是你们的同行……
2. 请学员对客户抗议提出应对策略。
3. 注意，后面学员不得重复前面学员的方法。

提示

如果是个人演练，可自行设计对抗策略。

五、电话跟进

无论是同客户达成协议，合作成功，还是未能合作，尚在等待良机，销售员都要注意跟客户保持联系，以逐渐增强对方的信任度。

针对客户类别进行跟进

电话销售所面对的客户基本可以分为三类：

1. 完成合作的客户。

有些销售员觉得，只要客户下了订单就万事大吉了。其实这是非常错误的，在一个完整的销售流程中，卖出产品不是最后一步，也不是最重要的一步。实际上做成生意只是销售的开始，而不是结束。

小马是家禽饲料销售员，经过长时间的跟单才拿下A企业。跑下这个“马拉松”，小马收获了很多销售经验，这时正好有另一个大客户B企业也要购买饲料，小马马不停蹄又去跟这单生意。

两个月后，小马费了九牛二虎之力才勉强跟负责人谈到了实质阶段，但就在对方决定下单的时候，却突然停止了交易，转眼把订单给了小马公司的竞争对手。

小马很不甘心，想方设法了解内幕。原来有一次A企业老板在酒桌上同B企业老板谈起饲料问题，提到小马时说了一句：“噢，那个销售员啊，我买了几万元饲料，收钱后就连个电话也没了。”这一句话导致B企业对小马失去信心。

A企业老板并没有抱怨小马公司的产品有什么问题，但在B企业老板眼里，一个对客户采取“人走茶凉”态度的销售员，根本不会是理想的合作伙伴，自然生意也就没得谈了。

合作成功了，销售员过后打个电话，哪怕是随便聊两句，也会给客户留下好的印象，有机会自然考虑后续合作。

对合作成功客户的跟进内容：

- 是否按时到货。
- 确保产品质量及服务。
- 提醒客户收到产品后及时开箱检查。
- 询问产品的使用情况。
- 请客户对产品不足处提出宝贵意见。

2. 近期有希望合作的潜在客户。

有希望合作，但还没有合作，对于这样的客户销售员跟进的目的就是及时促成合作。

从整体上讲，这种客户可以分成三种情况。

- 客户确实有需求，而且也乐于提供销售机会。如果是这样，销售员积极同对方洽谈，合作就是水到渠成的事。对于这样的客户，跟进工作也最有成就感。

- 客户有需求，但是在具体合作条件上还有未被满足的要求。通过跟进，销售员可以挖掘出这个合作的障碍，然后予以解决，以增加合作指数。通常销售员可以开门见山询问客户，客户在有需要想合作的前提下，会提出实质性的问题。

- 客户没有需求，但却故意制造假象使销售员产生误解。对于这种客户，销售员必须用跟进的方法及早辨别，以避免财力精力的不必要浪费。一般此类客户不会有实质性问题，表现往往若即若离，态度则是模棱两可。

3. 近期合作希望很小的潜在客户。

在三个月或半年时间内客户都没有购买计划，那也不要轻易放弃这个客户。因为销售是放长线钓大鱼的工作，客户现在不需要，并不代表以后都不需要。销售员反而可以利用这段时间充分了解客户，并有计划地做些铺垫工作，至少一个月或一个半月通一次电话，让客户感受到销售员的存在。这样一旦有需要，客户会在第一时间打来电话。

补充几种跟进方式

这里介绍的虽然是电话销售，但电话跟进也不妨尝试一下其他方式，而不是只拘泥于打电话一种手段。

1．短信跟进。

短信跟进的优点很明显，就是销售员的陈述客户无法拒绝，这对一些无兴趣或抗拒性的客户非常有效。对一些比较熟悉的客户，还可以发笑话联络感情，有助于长期合作。而有的时候，发条短信还会有意外收获。

许晓晓是个电脑销售员，逢年过节都不忘给客户短信祝福。

新年伊始，许晓晓发短信：祝你的电脑在新的一年，平平安安，百毒不侵，不死机，不被黑，上网飞快，聊天特神！最重要的是，别忘了给它换颗“奔腾”的“芯”。欣欣（公司名）晓晓敬上。

有位客户收到短信后，也没详细看就转发给了自己的朋友，之后不断有朋友问“欣欣晓晓”是谁，这时客户才发现转发时没有删掉许晓晓的名字，只好以实情相告。结果，这位客户的朋友也都知道有个欣欣电脑公司，有个销售许晓晓，而这一免费广告，日后给许晓晓带来了很多新客户。

2．邮递跟进。

邮递包括信函和宣传资料，优势在于成本低，但是效率不是很好，而且没法保证寄出的东西能到达目标客户手中，即使收到，他也未必看。针对这种情况，就要有自己的改进策略：

- 给潜在客户寄宣传材料不要超过两次，让对方知道你是做什么的就够了。
- 尽量给客户寄有用的东西，比如一本书或杂志，相关剪报也可以。
- 能用快递的尽量选择快递。

3．电子邮件跟进。

电子邮件现在比较普遍，成本基本可以忽略不计，效率却很高，而且能更系统地陈述产品。缺点是销售员很难得到公司决策者个人的邮箱地址，一般只是公司的公共邮箱，这样去跟踪一些企业的决策者效果就不会太理想。但，也要看销售员是否尽心了。

销售员小陈性格稍微内向，不太擅长跟客户在电话里嘘寒问暖，于是就转用电子邮件。

他写邮件跟别人不一样，在每个邮件正文前都贴上几个精心挑选的笑话或者脑筋急转弯，并美其名曰“陈氏茶点”。

客户每每收到小陈的邮件，都会被里面的笑话逗得笑上半天，久而久之，上到公司老板下到普通员工，都愿意享受这份“茶点”的乐趣，有销售机会自然会想到小陈了。

4．综合应用。

跟进客户需要多样化的手段，因为每个人都是渴望变化的。即使你最喜欢吃的东西，每天吃也会吃厌，跟进手段的运用也是一样。一种效果不好，可以穿插用另一种，但是尽量不要“十八般武艺齐上阵”。

另外，跟进手段选择也要由客户情况决定。合作在即，销售员就要用电话跟进，快速有效；如果近期合作希望不大，销售员不妨发发短信，或定期寄送资料。

第四章

客户开发——开对门找对人

我要你知道，
这个世界上有一个客户会永远等着你。
无论是在什么时候，无论你在什么地方，
反正你知道总会有这样一个客户。

——改编自《半生缘》

客户在哪里都很亮的，
就看你有没有抬头去看他们。

——改编自《玻璃樽》

一、认识客户认识市场

销售员的业绩创造来源于他所掌握的客户，客户的重要性不言而喻。客户在哪里？市场中找，如此，销售员不可避免要做些市场调查工作。

有客户才有饭碗

对于销售员来说，客户是实现业绩的唯一途径，也是日常工作的中心。一个没有客户的销售员，即使聪明过人也无法创造业绩，所以说客户是销售员的饭碗，也是衣食父母。

1996 年，联想集团分销公司——晨拓公司在中关村海龙大厦开了一个小门市部，条件简陋，试销品种也比较单一。张小平这个原公司的前台接待主动请缨，占着这三尺柜台，做起了销售。

开始面对五花八门的电脑零部件，以及一张张陌生的面孔，张小平有些不知所措。但是，她有个原则，就是真诚对待每一个前来咨询的客户。

每当客户上门，张小平都逐一介绍每台电脑的性能，并根据客户需求，帮助客户甄别选择。最绝的是，张小平报价非常诚恳，她对一个陌生人就像对自己的老朋友一样。对于一台市价 10298 元的电脑，她会告诉客户："这种台式机我所知道的底价是 9600 元，我们两个销售员中午吃盒饭大约是 10 元，柜台摊的租金是 50 元，运输费是 20 元……您就给 9700 元吧！"

开始，客户还不相信，可通过货比三家，很多人都选择了张小平介绍的产品。就在摊铺经营到第十六天的时候，突然来了一位客户，对方并没有问太多问题就买走了两台笔记本电脑，随后，客户纷至沓来，每天销售从 2 台到 3 台、5 台、10 多台，张小平的收入也从 800 元涨到了 8000 元。

2000 年，公司决定将全部联想品牌产品——3 亿元的分销任务交给张小平，并正式委任她为晨拓公司副总经理。

张小平成功了，因为她给每一个客户提供物美价廉的产品，客户得到满意的同时，也带来了更多的客户。这样，张小平自然有“饭”吃，并且会有越来越多的“饭”送上门来。

客户开发的必要性：

- 客户是销售员的饭碗，没有客户就没有饭吃。
- 100 个客户中，大约只有 30 个客户能为销售员带来利益。
- 销售员每年的客户平均流失量为 30%（在销售员很努力的前提下）。

有市场调查才有客户

对于刚刚进入销售行业的人来说，面对一个陌生的市场，看到芸芸众生忙忙碌碌，常常产生无所适从的迷茫，真是“老虎吃天，无处下嘴”了。

这个时候就要求助于市场调查，“没有调查就没有发言权”，销售员进行科学认真的调查，不但有发言权，而且能锁定目标，找到理想客户。

市场调查的方法

1．实地调查法。

销售员要了解区域市场，最直接最简单的方法就是设身处地地到市场上去看看。

朱华是××方便面的销售员，他的分销区域是××市所在的四个区县。

这天他坐车到××县，路上就开始注意观察路边村庄散落的方便面包装袋，并做了记录。到达目的地后，朱华开始满街走访，每到一个零售店，就去了解方便面的销售情况，一一做了记录，参见表4－1。

表4－1

方便面品牌	包装袋数量（个）	零售点销售情况	备　注
康师傅	20	一般	价格偏贵
福满多	45	畅销	种类多，价格合适
白象	32	稍好	价格优势明显
大红碗	12	一般	
…			

朱华通过实地调查，发现当地方便面销售大家是福满多，而这个产品的主要优点是口味齐全，价格适中。

2．问卷调查法。

可以通过当地报纸媒介进行，也可以直接对当事人问卷调查。前一种方式造价昂贵，建议用后一种，特别加以“小恩小惠”的奖品吸引，这种调查很容易展开。

朱华在对××县方便面市场有了大致了解后，又对该县的方便面消费情况进行了更为细致的调查，参见表4－2。

表4－2

姓名	年龄	职业	购买量/月	购买品牌	购买地点	口味
张明	25	工人	一包(5袋)	福满多	冠军超市	香菇(辣)
刘华强	29	司机	一箱(24袋)	福满多	批发市场	排骨(辣)
孙丽	42	家庭主妇	两包(10袋)	白象	冠军超市	牛肉(辣)
赵磊磊	31	销售	一箱(24袋)	极品三鲜	小区店铺	香菇
石双	26	平面设计师	两箱(48袋)	白象	批发市场	排骨(辣)
王洪亮	20	学生	3袋	福满多	路边店	排骨(辣)
商毅强	27	教师	一包(6袋)	康师傅	冠军超市	牛肉(辣)
周平	33	维修工	10袋	福满多	小区店铺	排骨
赵晓慧	28	文秘	4袋	大红碗	小区店铺	海鲜
马伟	36	工人	一箱(24袋)	福满多	批发市场	排骨(辣)
……						

通过调查，朱华发现，该地购买方便面最多的地方有三个，第一是县城北边的一个大型批发市场；第二个是一家叫做冠军的连锁超市；第三个就是小区的零售店。

同时，朱华也发现，当地方便面消费者偏重于麻辣口味，最喜欢的是排骨辣面。

3．追根溯源。

很多销售员在调查市场时，会被表面现象所蒙蔽。有的店面装潢很好，面积也比较大，看上去像是一个大客户，其实不然，这很可能只是个终端零售商，不具备分销条件。相反，有的大客户“不显山不露水”，采取“小门店，大仓库，专业配送”的方式，一个月销售数量比得上十几个零售店。

朱华的做法是，对小区小店进行有针对性的询问，找出上一级批发商，通过批发商再找分销商，从而了解该产品的销售大户及销售的真实情况。

朱华由下向上调查，掌握第一手资料后则由上到下下工夫，这样就省去了不少力气。

当然，市场调查灵活性比较大，根据销售产品不同，用不同方式进行调查，目的只有一个，那就是了解你的市场。这样在开发客户时，才有更为确定的目标。

演练

目的：通过实际操练，让学员们掌握做市场调查的具体方法。

道具：纸、笔。

问题：

1．假设学员为某品牌啤酒销售员，目标市场为A城市，请学员做一份完整的市场调查方案。

2．如需要表格时，绘制详细表格，并注明表格的作用及目的。

二、寻找客户的原则

销售员要找到更多的客户，不仅要学习必要的方法，还要加强自我培养。只有那些勤奋并且善于发现的销售员才能找到更多的客户，做出更多的成绩。

勤奋的销售员才有客户

“勤能补拙是良训，一分辛苦一分才”。勤奋在一个人成功的道路上扮演着重要角色。有人说用双手工作的是劳动者，用双手和大脑工作的是科学家，用双手、大脑和心灵工作的是艺术家，而用双手、大脑、心灵和双腿工作的是销售员。

有的销售员总是抱怨找不到客户，仿佛客户在和他捉迷藏，其实，客户就在你能找到的地方，要看你找得是不是够勤奋。

小常在做销售培训的时候，就听说过原太郎的故事，这位平凡的销售员凭借自己勤奋的精神成长为日本最出色的销售员，他的脚上长着比别人厚几倍的老茧，因为他很勤奋。

小常也立志做一名勤奋的销售员，他每天都试图拜访更多的客户。每天，他从街区小公园穿过时，总是遇到一帮晨练的老人，久而久之，小常就跟他们熟悉起来，见面打个招呼问个好。

有一次，一位老先生跟他闲聊，知道他是个保险销售员。第二天，小常还像往常那样早起上班，发现那些晨练的老人都在等他，并且统统有备而来，准备做小常的保户。结果，小常一下发展了八个客户。

“早起的鸟儿有虫吃”，这是个简单的道理，却并非人人都可以做得到。小常充其量比自己的同事早起了几十分钟，但却给他带来了丰厚的回报。“天道酬勤”，而周围的人也对勤奋者抱有更多的好感。

有一个沙河球会的销售员，一年做了1000万元销售额，平均下来每天要见25～30个客户。拜访客户越勤奋，销售业绩也就越好。不过，单纯靠腿也是靠不住的。

“保险明星”于红刚开始做保险的时候，每天都坚持拜访10～20位客户，这为她每天签一张新单奠定了基础。可是，一个偶然机会让她明白，腿勤的同时，嘴也要勤。

那时她经常去一家海鲜店买水产，当店主得知她做保险时，一脸惋惜地说：“你怎么不早说呢，我们刚刚买了保险，也是一个销售员来买东西时介绍了一会儿，我觉得不错，就买了。如果知道你做保险，说什么也做你的保户啊！”

由于嘴紧，于红失去了这个客户。从此之后，于红吸取教训，无论是买东西、路上遇到熟人，还是朋友聚会，她都要顺便提提保险。用她自己的话说，就是：“如果我还像开始那样嘴紧，早不知道有多少客户从手里溜走了！”

如何让自己勤奋起来：

秘诀一：“早”，早10分钟起床，早10分钟到公司，早10分钟去见客户，因为早起的鸟儿才有虫吃。

秘诀二：“多”，每天尽可能多地拜访客户，每天比别人多拜访一个，一年就可能比你的同事多几百个客户。

秘诀三：“全”，不仅要发挥腿的优势，还要发挥嘴的广告优势，让周围的人有更多的机会了解你的工作。

慧眼识别芸芸众生里的客户

在商场之中，处处留心都有商机。好的销售员不单要勤奋，还得练就一双慧眼，它可以帮助你了解客户心理活动，并准确判断客户特征。

1998 年初，即欧元成为十一个成员国货币的前一年，河南洛阳铜加工厂从网络上看到一条消息：欧盟正在向全球招标制造欧元硬币的金属材料。

这家工厂认为这是个千载难逢的好机会，迅速在一个月的时间内生产了 50 吨样品，以最快的速度送往国外受检。在世界其他中标商连样品都没有拿出来时，洛阳铜加工厂的样品早已通过了德国方面的检测，并在当月就签订了 500 吨供货合同。

河南洛阳铜加工厂不仅凭借一流的技术，更凭借灵敏的市场反应，快速行动，一举击败了来自美国、德国、韩国等国的 11 家公司，最终成为欧元的金属制造商。

优秀的销售员，眼不仅要快，还要准。最好能够抓到事物的本质，主次分明。对于同一个问题，可以像剥洋葱一样，一层一层都看得清清楚楚，这样才能及时发现商机。

有的时候，一点小发现，可能就牵出一个客户群：

小周是电烤箱销售员，有一次到湖南旅行时，吃了一种当地的“土掉渣”烧饼。他发现这种烧饼味道好，价格适中，每个 2 元左右，生产工艺简单，主要设备就是电烤箱。最重要的是烧饼店生意出奇的好，买烧饼的人排了两三米的长队。

小周当天就上网搜集关于“土掉渣”的资料，发现这小小烧饼已经风靡湖南湖北两省，他想，这股风用不了多长时间就会吹到北方主要城市，这可是个销售电烤箱的好时机。

小周花了几百元，从一家烧饼店买了“秘方”，回到A城市后，立刻打出广告：2800元电烤箱加免费秘方帮你开家掉渣烧饼店！

没用几天，就不断有客户找上门来，小周在一个月内多卖出30多台烤箱。

小周的成功在于他善于发现，看到别人看不到的商机，并能及时把握机会，自然可以一击即中。这说明了一个问题，那就是一双“慧眼”对于一个销售员的作用非同小可。它不单是发现客户，而且创造客户。说白了，就是先发现客户的需求，然后满足客户需求。这种先客户之为而为的销售员，怎能不成功呢！

慧眼的自我培养：

- 关注时事动态，了解社会新闻，养成每天看报纸的好习惯。
- 多浏览本行业相关的论坛、网页，收集业内最新信息。
- 积极积累知识和技能，知识经验越丰富、越熟练，对事物的敏感性也越强。

三、找瓜先找藤

如果说客户是瓜，那销售员要得到瓜，就必须先找到那些能结出瓜的藤，然后才是“顺藤摸瓜”，来个大丰收。

现成的藤为什么不用

销售新手刚刚入行，可能对找客户还有点摸不着头脑，这也没关系，因为一个正常运行的公司，本身就有一套现成渠道供新手使用。对于这些手到擒来的藤，又何须客气呢！

有效利用公司现有渠道

1. 公司内部客户名单。

一般来说，进入行业三年的企业都有一份完备的客户名单，销售员不妨就地取材对这份现有名单进行有效开发。

陈维东和几个同学一起应聘到××化工厂做销售，第一天老板发给每人一份客户电话名单，避免新到岗位无从下手。

大家打了几个电话，发现这份名单过于陈旧，利用价值不高，就纷纷出去跑市场了。

陈维东比较沉得住气，他打电话到A公司，对方说“A公司搬走了，我们是B公司。”陈维东就问是否知道A公司的联系方式，并表示自己公司一直跟A公司有业务往来。没想到对方真的知道A公司老板的电话，而且在了解陈维东公司聚合物价格后，立刻要求带样品过去试验。

这样，陈维东一下找到了两个客户，并很快同B公司签了订单，让几个跑市场的同学羡慕不已。

2．客户售后服务名单。

销售员要知道，在自己进入岗位的同时，也有很多销售员离开岗位，这就意味着很多合作者成了孤儿客户。销售员不妨根据这个情况，以逸待劳，从售后中找到客户。

保险明星汪嘉，刚进公司时，正好有几个老员工离职。经理为了避免客户流失，就让汪嘉做售后跟进。

汪嘉看到别的新手都跟着师傅出去拜访客户，心里非常郁闷。而且在电话跟进时，还碰到了一个很难缠的老太太，她总有问不完的问题：“心脏病必须有心肌酶谱不正常的报告吗？”“可是心肌酶谱不正常只有在心脏病初来24小时才能查出来，过了时间就查不到，2万块钱是不是就不赔了？”汪嘉尽管很郁闷，但还是耐心回答了所有问题。

过了没多久，这位老太太突然打电话找到汪嘉，说她有几个老同事也要买保险，问他能不能带资料过去一下。汪嘉这时恍然大悟，通过售后更方便挖掘客户，自己以前怎么没想到呢！

3．阅读报纸、杂志。

报纸杂志的信息量大，而且具有更新更快的特点，尤其是报纸，是寻找客户最有效的工具。此点在电话销售一章有所论述，道理并无二致，此不多说。

了解那些能摸到瓜的藤

销售员寻找客户，并不能只靠企业内部资源。毕竟内部资源是有限的，而且要同所有的销售员共同分享，粥少僧多，怎能如意？

所以，销售员应掌握一些寻找客户的基本渠道，这样才能摸到更多的瓜，挖出更多的潜在客户。

丁堰是××品牌牛奶销售员，她在A小区进行定点宣传时发现，自己中学的语文老师就住在这个小区。就立刻给自己的老同学打电话，了解语文老师的情况。

第二天，周老师回家发现门外放着几瓶牛奶，就非常奇怪，虽然早就想订奶，但因为工作忙没顾得上。仔细一看，原来是××品牌的免费赠品，还是个家庭套餐，一种儿童钙奶，正好给儿子补充营养；一种酸奶，可以让老公改善肠胃消化；一种睡眠好奶，给自己改善睡眠。

第三天，周老师下班就特别注意丁堰的牛奶宣传点，看到周老师过来，丁堰立刻打招呼说："周老师，还记得我吗？"周老师认出自己的学生，非常高兴，丁堰趁机说："周老师，觉得我们的牛奶怎么样？"周老师恍然大悟，"原来是你，难怪连我睡眠不好都知道的那么清楚！"感动之下，周老师当场订购半年家庭套餐。

"周老师，其实我们的牛奶对改善睡眠很有帮助，只是属于长效品，您现在睡眠质量怎么样？""比以前更差了，睡也睡不着，白天还总是头疼！"丁堰这时突然想到一个做保健品销售的朋友，她卖一种口服液，据说能快速提高睡眠质量，于是就推荐给老师："您放心，可以让她周末带样品来看看，买不买无所谓。"

这样，丁堰不但有了新的客户，还给朋友介绍了客户，同时又真心帮了老师的忙。

丁堰的成功在于她主动把握了老师这个熟人，同时又不忘联想到做保健品销售的朋友，反过来，做保健品销售的朋友是不是也会给丁堰介绍客户呢？这当然也是一种找客户的好渠道。

客户开发的四种常用渠道

1. 从认识的人中发掘。

很多销售员都抱怨不知道从哪里寻找客户，其实，这样的销售员恰恰忽略了自己的宝贵资源。大家都是社会中的人，都有自己的小学、中学、大学同学，有一帮“狐朋狗友”，也有一堆七大姨八大姑的亲戚，这些都是销售员的宝贵资源，怎能视而不见呢?

有的销售员，特别是销售新手，不但不去开发自身资源，还有回避熟人的习惯。要知道搞销售是正当职业，不是非法传销，无须避开熟人。

2. 运用商业联系。

市场各行业之间其实都有或多或少的联系，销售员如果能运用好这些联系，有时候甚至可以坐收渔利。

例如：一般家具销售员就有很多做室内设计的朋友，因为新房子做好设计，总要买相应风格的家具。而室内设计人员，则要跟售楼销售员搞好关系，其中缘故不言而喻。

3. 把握技术更新节奏。

每种产品都有自己的适用期限，区别只在长短上。销售员应该把握好自身产品的使用寿限，及时向老客户介绍新产品。销售员对客户的这种念念不忘，会得到丰厚的回报。

例如：电脑软件和硬件的使用周期在美国大约是6个月，在中国也只能延长到2年。销售员可以根据这个淘汰规律向老客户推出新产品。

不过，这种方法只适用于那些更新速度快的产品，像电冰箱，使用寿命高达20年，销售员要守株待兔，就未免脱离实际了。

4. 结识同行。

“同行是冤家”，现在看来不仅狭隘，而且落后。因为如今的商场之上，同行间互相帮助、整合利用资源的情况屡见不鲜，已经成为一种趋势。

例如：小的广告公司会挂靠一个大广告公司，当大公司销售员接到小业务时，就会转到小公司做；而小公司偶尔接到大业务，自己吞不下，也可以转给大公司，从中抽取佣金。

四、顺藤摸瓜

完成销售，必须找到客户，这就是顺藤摸瓜的工作。但寻找客户，主要是寻找潜在客户，它是进行销售拜访的前提。销售人员要充分挖掘潜在客户，除了自身努力外，还要掌握一定的方法。

摸瓜两步走

找藤有找藤的章法，摸瓜自然有摸瓜的步骤，否则，即使一条好藤，也会摸个歪瓜出来。要知道，没有好客户，再好的销售也无济于事。

寻找客户的两个基本步骤

步骤一：先确定大的客户范围，然后再从这个范围中找准客户。

例如：销售产品为小语种电子词典。

主要产品包括：FC－3001 法语电子词典、DC－3210V 德语电子词典、REC－3520V 俄语电子词典、REC－3510V

俄汉通双语电子词典、JC－3120V 日语电子词典。

分析：小语种是大学课程才能接触到的知识，目标客户锁定 A 市所有大学语言类学生。

步骤二：确定销售对象是哪一类，然后从这一类客户中找出具体销售对象，即可能购买的准客户。

例如：还是上面案例。

语言类学生购买电子词典的主要有两类：

第一类，大一新生，刚刚迈入大学校门踌躇满志，积极进行学习投资；

第二类，大三大四准备考研的学生，为了提高学习效率，必须进行学习投资。

这样按部就班寻找客户，就能省去很多力气。对于销售员来说，既节省了人力、时间，又提高了工作效率，是真正的一箭三雕。

摸瓜的五个常用方法

寻找客户有法可依，而且这些方法都是经得起时间和实践检验的，是在销售工作中屡试不爽的方法。针对销售新手，筛选如下五种：

1. 扫楼法。

扫楼法是指销售员在特定的区域内，逐楼挨户进行访问，以挖掘潜在客户。通过这种渠道，可以对特定区域内的个人、家庭、组织进行全面的、无一遗漏的摸底，所以，这种方法又称为“地毯式搜索”。扫楼法的优缺点见表 4－3。

表 4－3　扫楼法优缺点对比表

优点	缺点
促进产品影响力	盲目性大，不容易找到准客户
范围大、涉及客户多	需要投入大量人力、时间
借机完成市场调查，了解客户需求	受销售员主观因素影响大
积累经验	赠送样品受限制

王成方是××铝厂销售员，他第一天到 A 市，就购买了一份最新的《A 市工商企业电话号码簿》，并从中找出了铝制品加工企业 200 多家。根据各企业的地址和距离远近，王成方制订了详细的拜访计划：

1. 对这 200 多家企业逐一进行电话拜访，预约见面。

2. 同意见面的企业，立刻实施拜访。

3. 未同意见面的企业，如果距离近也进行一次拜访，完成资料传递和搜集工作，并争取建立合作关系。

按照这份计划完成，王成方就对A市所有铝制品企业有了全面了解，对日后客户开发建立了完备资料。

不过，任何方法都有自身的优点和缺点，销售员具体操作时，应根据自身实力和实际情况进行取舍。

2. 连锁介绍法。

连锁介绍法是通过老客户介绍来寻找有可能购买产品的其他客户的一种方法，也叫做“介绍寻找法”或“无限寻找法”。如图6－1所示：

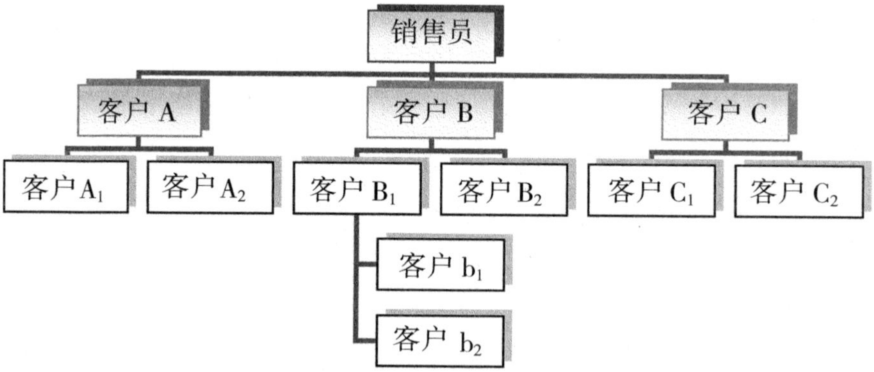

图4－1　连锁介绍法

一个客户可以延伸出n个客户，销售员的客户群也会像滚雪球一样，越来越大。

伟大的汽车销售员乔·吉拉德非常善于运用这种连锁介绍，因为他发现每个人参加婚礼、舞会这样的交际活动，都有机会认识250个陌生人。如果能把一辆汽车卖给其中一个人，就意味着同时拥有了250个潜在客户，问题关键是，要让那一个购买车辆的客户将他的朋友介绍给他。这就是著名的“250法则”。

连锁介绍的具体操作办法：

- 利用自己亲戚、朋友、同学关系，请他们帮忙介绍客户。
- 每次销售洽谈时，可以有计划地请对方介绍两三位需要产品的朋友。
- 请现有客户以电话、名片等方式进行连锁介绍。

3．中心人物带动法。

中心人物带动法指的是销售员在某特定销售范围内，有目的地发展一些有影响力的中心人物，并在他们的影响下，影响该范围内更多的人，成为准客户。

中心人物带动法是由连锁介绍发展而来的，采用这种方法寻找客户，关键是找准“中心人物”，并取得他们的信任和合作。

小王是个家庭音响销售员，他发现某门户网站有个影迷论坛组织活动，就报名参加。

活动内容很简单，就是周末聚在版主家中看《星战》系列，然后聚餐。气氛热烈，大家都围绕电影展开讨论。小王对影评并不在行，但对影音效果很有发言权，就随口说起了家庭影院：“LG DAT－150P家庭影院套装包括了影碟机、功放、音箱，最不可思议的是，它拥有高达330W的输出功率，能制造影院音效。对于像《星战》这样音效火暴的大片，震撼的环绕音效简直让你如置其中。”版主听了很感兴趣，很快买了一套。

之后很长时间，论坛都在讨论这套家庭影院的完美效果，加上版主大力宣传，很多电影爱好者都主动找小王购买家庭音响。

中心人物带动法适用于某些有组织的群体当中，例如主题性俱乐部、沙龙，各种协会，以及种种民间类组织，组织的中心人物一般就是组织的领导者。

4．会议寻找法。

中国人向来就有开会、开长会、常开会的习惯，销售员可以借助参加各种会议的机会，与其他与会者建立联系，以寻找更多客户。

例如：汽车展览会、贸易年度洽谈会、新产品发布会等等，都能吸引数量可观的与会者，销售员可根据需要，联系尽可能多的潜在客户。

5．市场咨询法。

市场咨询法是指销售员通过各种信息服务公司、相关专家以及国家有关部门，获得相关资料，以寻找客户的方法。

现在，资讯发达，市场上有众多公司排队出售信息，只要肯拿出一部分钞票，许多重要资料都可信手拈来。销售员也可以向国家部门，例如统计局、科研单位等咨询，获得准确信息，以把握市场脉搏，找到准客户。

除了以上五种方法，销售员也要发挥自身主观能动性，比如利用电话、广告、直接邮寄等方法寻找客户，甚至可以直接从竞争对手那里抢客户。总之，客户肯定是有的，就看你怎么找到他了。

演练

目的：让学员熟练掌握寻找客户的各种方法。

道具：一份资料。

销售员甲要到A社区开发灭蟑器客户。

A社区内住着销售员甲的一个老同学刘先生，同时该社区有个协会，定期召开社区卫生督进会，退休老干部张先生是这个协会的负责人。

问题：

1．学员以销售甲的身份，对A社区客户开发做详细计划。

2．将所用到的方法列出，并注明优缺点。

五、客户也要评估

销售人员找到客户后，并不马上就开始登门拜访，之前还需对客户进行必要筛选，在所有潜在客户中选出“可能的客户”，也就是对客户资格的评估，这样对销售人员的后续工作是很有好处的。

客户资格评估

客户资格评估，就是销售人员根据自己所销售的产品用途、价格及其他方面的特征，对潜在的客户进一步全面衡量和评价，具体包括对其需求度、需求量、购买力、决策权等方面的评估和审查。

具体评估项目

1．需求度。

客户的需求，以及需求的程度，是销售能否成功的关键因素。评估客户的需求度，就是评估与审查客户对所销售产品需求的程度。

根据马斯洛的观点，可以把人的需要排列成金字塔的形式，如图4－2所示：

人必须在低一级的需要得到满足时，才会去追求更高级别的需要。正如一个三餐不饱的乞丐，当他有10元时，首先想到的是吃个饱饭，而不是去做个发型设计。

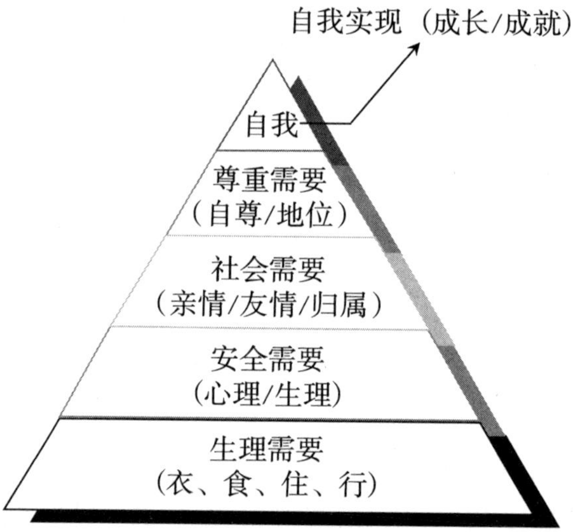

图4－2　人的需要排列

销售员在分析潜在客户的购买动机和购买行为时，不妨借鉴马斯洛的“金字塔”，可以帮助销售员把握客户的需求度。

另外，在实际操作中，我们可以借助一定的表格（见表4－4）来进行客户需求度的分析，这样能使销售员比较直观地认识客户需求程度。

表4－4　客户需求程度表

客户	非常强烈	比较强烈	一般	可有可无	厌恶
A		√			
B					
C		√			
D	√				
E				√	

通过这个需求程度表的显示，销售员显然要把客户A、D当成重点客户对待，而对于客户C要积极争取，对于希望不大的B可以进行跟进，客户E则考虑是否放弃。毕竟，销售员的精力和时间也是有限的。

2. 需求量。

所谓需求量，就是客户可能购买产品的数量。对销售员来说，仅仅知道一个客户存在需求是不够的，还要对其需求量的大小进行了解。这样，销售员不但可以在销售拜访时做到心中有数，也不至于为了小客户而损失大客户。

白勇是个电话机销售员，这天同时有两个客户要求见面洽谈。第一个客户是××公司，因为明天就要正式运营，今天必须购买并将电话全部安装到位；第二个客户是××学校，打算给新落成的学生宿舍配备电话机。

白勇想，××公司明天营业，这笔业务肯定马到成功，而学校方面，现在正值暑假，肯定不着急。于是白勇急忙赶到××公司，果然顺利卖出10部电话。

正当白勇得意的时候，却得知××学校已经同竞争对手签了订单，购买300部座机电话。

为了10部电话，而丢掉了300部电话，简直是“捡了芝麻丢西瓜”。

所以，当客户真正有需求，但购买量不大，而且是一次性时，销售员就必须从时间和先后顺序上进行权衡。要知道，即使第一时间抓到小鱼，也不如那些在第二、第三时间钓到大鱼的人。

但有一点需要注意，销售员不能因为需求量的大小，就把客户分成三六九等，无论大客户还是小客户，都是客户，况且，此时的小客户可能就是明天的大客户，千万不可犯了重大轻小的错误。

3. 购买力。

有个出售宝石戒指的销售员，向他的同事抱怨说：真是烦透了，每天都有个家伙等在门口要买我最大的宝石戒指，如果买不到他老婆就要跟他离婚。

那你真走运了，那个戒指至少可以让你赚辆汽车！同事羡慕地说。

销售员：算了吧，那个家伙是个乞丐！

乞丐对戒指的购买欲望十分强烈，但他没有钱买，也就是不具备相应的购买力，所以不能成为销售员的现实客户。

在实际工作中，对于那些交易对象为批量大、产品价格高的客户，销售员必须提前对客户购买力进行初步了解。具体可以从以下几个方面“侦查”：

- 注册资金。
- 必备的经营设施，如仓储、运输、厂房等是否能承受目前业务。
- 付款方式。
- 银行贷款能力。

4. 决策权。

决策权的评估，就是要销售员了解什么人实际控制采购工作。销售员的公关目标也主要是这些购买决策者，因为他们说了算，是生意成交的拍板人。

周强是电脑销售员，他的一个老乡在××学校做副校长，并主管学校硬件设施配备的工作。于是周强找到这位老乡，说明来意。老乡也很痛快，表示学校正准备更新微机室电脑显示屏，下周例会时向校长打个报告，应该没有问题。

洽谈完毕，周强满心欢喜地回去等候佳音，可是过了两个星期还没有消息。他不得不再次找到副校长，没想到这位老乡的态度来了个180度大转弯。原来，副校长在例会上的提议，因总务处主任强烈反对给否决了。

周强的失败在于他找错了决策者，虽然老乡是副校长，却并不拥有购买决策权。因此，分析目标客户的决策权也是评估中一个不可缺少的环节。

识别真正的决策者：

- 便利品潜在客户一般都拥有决策权，例如男士购买剃须刀，女士购买化妆品等。
- 选购品和特殊品，决策权一般掌握在家长、家庭主导成员或收入较高者那里。
- 工业用品和大宗消费品的潜在客户，情形比较复杂，一般销售员要做足六种角色的工夫。如图4－3：

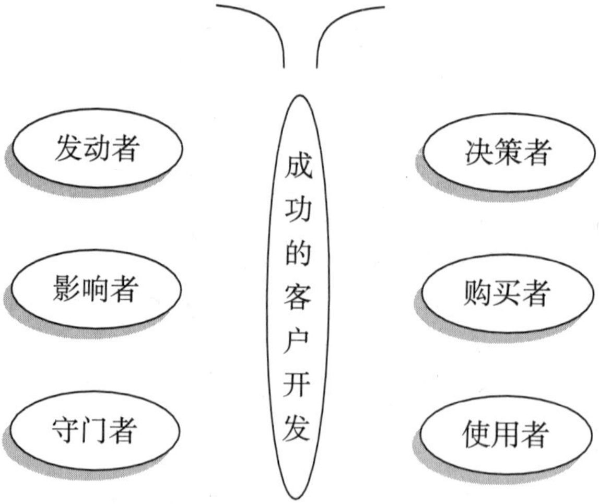

图4－3　成功客户开发的蝴蝶效应图

用蝴蝶效应对上面案例进行简单分析：

发动者：副主任。

决策者：校长。

影响者：总务处主任（主要）、副校长（次要）、计算机教师（次要）。

购买者：副主任。

守门者：校长助理、甚至学校看门人。

使用者：计算机老师、学生。

根据这个实际情况，销售员就要考虑轻重缓急，分别下工夫，最终目的就是通过主要影响者总务处主任来影响校长的决策。

给客户建个资料档案

建立客户资料档案，可以快速制定开发和拜访方案，对于有效分配资源、提高成交率有很大的帮助。同时，还方便销售员对客户进行必要评估。

一般资料档案的建立可以通过表格的形式，例如，可以根据目标客户的性质进行表格管理（见表4－5）。

表4－5　客户资料档案表

编号	公司型客户	编号	个人型客户
1	公司名称	1	姓名
2	地址	2	年龄
3	电话	3	住址
4	行业种类	4	电话
5	年营业额	5	职业
6	员工数目	6	服务公司
7	主要商品	7	服务公司地址
8	采购决策者	8	服务公司行业
9	主要客户	9	出生地
10	行业地位	10	家庭成员
11	现有竞争者	11	兴趣
12	供货渠道	12	性格
13	市场占有率	13	喜爱运动
14	工厂所在地	14	采购决策人
…		…	

销售员完全可以按照自己的工作侧重点和工作方式，来建立最具有实用性的资料档案表，同时，也可以根据其他分类标准建立表格。例如，销售员可以根据寻找目标客户的途径来建立合适的表格（见表4－6）。

表4－6　客户资料档案表

类　型	姓　名	电　话	其他联系方式	公　司	备　注
同学					
朋友					
旧同事					
客户转介					
会议开发					
竞争对手客户					
其他					

当然，为了增加实用性，也便于分类处理，销售员还可以选择建立客户资料卡的形式（见表4－7）。

表4－7　客户资料卡

编号________

客户名称：________

客户地址：________　　电话：________

负责人：________　　年龄：________

学历：________　　婚否：已婚　未婚　再婚

性格特点：________________________

主要经营项目：A ________________________

B ________________________

主要联络人：A ______________________________

B ______________________________

开业时间		家庭状况	
日销金额		服务态度	
付款方式		社交活动	
经营方式		信用级别	
营业方式		经济实力	
敬业精神		其他事业	

备注：______________________________

建卡日期：__________

第五章

销售拜访——第一次亲密接触

拜访可以像做菜，
把所有的东西都准备好了才下锅。

——改编自《饮食男女》

这个世界上十个人中有八个会买你的东西，
剩下那两个是他们想不通。
你就试试拜访他们，帮了别人，自己开心，人家也会谢谢你。

——改编自《下一站天后》

一、拒绝无准备的拜访

成功的销售拜访来自于细致的访前准备，机遇会与那些没有准备的人擦肩而过。不论做什么事情，总是有备无患才好，销售拜访也不例外。

做个情报搜集专家

常言道："知己知彼，百战不殆"。在电视剧《黑冰》中，郭晓鹏为营救一个罪犯，需要买通监狱长。郭氏集团搜集了所有关于监狱长的资料，其中重要的一条是，监狱长的妻子因病急需换肾。郭晓鹏对症下药，立刻给监狱长找专家、组织肾源、购买特效药，最终成功收买监狱长。

犯罪的问题不多讨论，郭氏的做事方法很值得销售员借鉴。销售员想同准客户实现合作，就必须对客户进行全方位立体性的了解，哪怕是一点点细微的情节，也有可能影响交易的达成。

有个著名的美国女影星想要出版自己的个人传记，各大出版社知道这是一块肥肉，就使尽各种招数，讨明星欢心。

A 出版社老板了解到女明星有个秘密，她睡觉时喜欢洒浓烈的香水，于是就出高价购买名牌香水送给女明星。

B 出版社老板了解到，女明星之所以睡前洒香水，原因是她一直就患神经衰弱，而浓烈的香水可以帮助她快速睡眠，于是 B 老板出高价订购了睡眠枕头，送给女明星改善睡眠。

C 出版社老板了解到，女明星之所以神经衰弱是因为她总是疑神疑鬼，觉得观众很快会把她抛弃。于是 C 老板就花了 10 美元，从街头雇了一个“女巫”，告诉女明星，她将有 40 年的星运，在这 40 年内没有任何人能超越她的光华。

结果不言而喻，C 出版社得到了这位明星客户。

搜集客户情报，不能单浮在问题表面，上面的案例就是很好的说明。如果有可能，销售员应尽量打破砂锅问到底，因为问题挖掘越深，离客户距离也就越近。

不过，销售员精力有限，搜集情报工作要注意抓住重点，不可无目的的漫天搜罗。

搜集情报的重点

- 准客户的性格特征。
- 准客户的兴趣爱好。
- 准客户的家庭成员。
- 准客户的相关社会活动。
- 准客户的工作状况、收入水平。

在具体操作时，销售员可以借鉴前面客户资料卡内容进行侧重性搜集。如果对方是个大客户，销售员不妨多下点本钱，做好放大饵钓大鱼的准备；如果对方购买量比较小，并且属于一次性客户，那销售员就要考虑自身成本了。

获得客户情报的途径

- 辐射性搜集，以客户为中心，向朋友、亲戚、同学、客户的客户等辐射，获得第一手情报。
- 网络搜集，利用网上新闻、咨询，以及客户方网页。
- 委托情报公司搜集，目前这种情报公司很多，服务也比较专业。

访问准备必备

有的销售员在拜访客户时，喜欢两手空空，以为凭借三寸不烂之舌，以及口吐莲花的本领就完全可以卖出产品，实际并非如此。

访问前，销售员除了搜集必要的客户情报外，还要有充分的产品知识准备，并携带好必要的推销工具。

产品知识准备

销售员对所销售产品的了解程度，体现着销售员的专业水准。虽然说销售员首先推销的是自己，但客户最终使用的是产品，客户最关心的也是产品。

对于销售员来说，产品是拿下客户的最有效武器，自然应当对它了如指掌。对此，销售员可以制作一张简单的产品知识检测表（见表5－1），每次上门拜访前温习一下，会有不错的效果。

表5－1　产品知识检测表

产品类别：________________

产品的整体特征：____；

产品是如何制造的：____；

产品的制造/工作原理：____；

产品的主要用途：____；

产品的标准和功能：____；

产品所带来的好处：____；

市场上客户对产品的需求度：______________________________________；

产品的主要竞争对手：____；

市场同类产品的竞争优势：____；

……

必要的推销工具

1．名片。

名片是销售员真正的简历，上面记录着客户想了解的一切基本信息。况且在销售拜访中，递送名片也是最起码的销售礼仪。而特别的名片风格设计，还会给客户留下深刻印象，促成销售。

在××玩具公司，有个年轻的销售员一直是销售冠军，这令其他老销售员感到纳闷。

其实，年轻的销售员并没有什么特别法宝，有的只是一张与众不同的名片。这张名片被巧妙地设计成一节玩具列车的样子，正面左侧画着销售员本人的漫画头像，背面还有一行小字，写着：本名片由儿子××为爸爸设计。

客户每次拿到这样的名片，先是被个性的样子所吸引，然后看着漫画头像会心一笑，最后又被那行小字所感动，觉得这个年轻人不但用心工作，还是个称职的好爸爸，于是对他的好感倍增。

显然，这个年轻的玩具销售员很好地利用了名片这一推销工具，以致每次拜访都能取得不俗的效果。

2．样品及产品资料。

销售员随身携带样品，在对客户进行拜访时，可以当场请客户试用，用事实来说话，说服力比较强。这一点，化妆品销售员做得比较好，他们通常拿着一些试用装产品，比如一点眼霜，携带方便，在十几分钟的时间内就可以让客户体验一下。

一般来说，客户对新的产品总是怀有占有欲望，加上亲身体验感觉确实不错，购买可能性就比较大。所以样品是很好的推销道具，千万不可忽略。

至于产品的相关资料，比如产品画册、产品价目表、报纸剪贴等，都可以协助销售员说服客户。

二、第一次拜访

创造第一印象的机会永远只有一次，销售员第一次登门拜访的表现，关系到本次销售是否成功，同时也对长期合作产生深远影响。

至关重要的开场白

在一个酒馆里，一个天才数学家看到一位金发女郎，于是上前搭话。

天才数学家说：小姐，我知道通常情况下男士都要准备一套花言巧语的开场白，目的无非是同你上床。所以，为了节省双方的时间，我们直接谈谈上床的事情吧！

结果，金发女郎给了天才数学家一个响亮的耳光。

如同数学家和金发女郎的故事一样，销售员和客户都明白拜访的最终目的就是产品销售，但跳过前面开场环节直接进行销售却是不可能的。就像数学中的推导公式一样，A 推出 B，B 推出 C，但 A 不能直接推导出 C。所以，在销售中开场白是不可或缺的，而且是至关重要的。

最常用的开场方式

1．以提出问题开场。

这种开场白的重点是，销售员要找出一个对客户的需求有关系的，同时又是自己产品能使客户满足而会正面回复的问题。

例如：您看过我们的产品吗？这就是我们的产品。（同时展示样品吸引客户）

敝公司派我专程来拜访您，您觉得我们这种产品怎么样？（连续发问，使客户注意自己的产品）

2. 以赞美开场。

赞美客户，一来可以获得对方好感，二来也是一种情感铺垫。赞美客户被看成是销售员的一项职业素养，因为对于销售沟通的确有很好的帮助。毕竟，人们不会对赞美之词产生反感。

例如：王先生，早听说您是一位儒商，今天一走进您的办公室，就感受到了浓厚的书卷气息，真是名不虚传啊！

刘经理，如果不是您的秘书介绍，我真不敢相信这样一个大公司的领导者竟然是一位如此年轻的女士！

3. 以赠送礼品开场。

很多产品为使客户容易接受，会附赠一些小的礼品。销售员可以利用这些价值不高，但能博人好感的小礼品打开局面。即使产品本身没有，销售员也可以想办法自己准备一些，但尽量使礼品跟销售的产品有关系。

4. 以引证别人的意见开场。

如果销售员的客户是从某种关系得到的，比如朋友介绍，那开场时就要利用这种关系，以快速增进彼此的熟识感。

例如：刘总，您的朋友××让我来见见您，跟您谈一个感兴趣的话题。

张小姐，您的老同学××托我向您问好，她说您一定会对我们的产品感兴趣，所以我就冒昧的来了。

5. 以展示物品开场。

客户的购买行为日趋成熟，牢牢把着“耳听为虚，眼见为实”的原则。对此，销售员可以用样品、图片或具体模型来打动客户。这样做使产品同客户距离拉近，更容易引起购买欲望。

演练

目的：让学员学会用合适的方式开场。

道具：椅子（椅子所在范围为客户工作区）。

问题：

1. 主持人充当客户，坐在椅子上。

2. 请学员以电动牙刷销售员的身份进行客户拜访，做一个开场白。

提示

1. 学员可以虚拟一个条件，例如虚拟一个牙刷样品，一份小礼品或者虚拟由客户朋友介绍等等。

2. 如果是个人演练，可以自行设计恰当的开场白。

初次拜访的话题和禁忌

销售员小张初次拜访客户，他看到桌子上放着一张杜汶泽的宣传画，就对客户说："我对杜汶泽也很感兴趣，早在《江湖告急》中演那个小明星时就让人印象很深刻，现在新片《伊莎贝拉》更是好评如潮。"

客户听了，看着那张画不紧不慢地说："是吗，我对这个人一无所知，这张画是我拿来准备包书皮用的。"

神采飞扬的小张当场语塞，不知道接下来该说什么。

销售员和准客户初次见面，由于双方都不熟悉，特别是销售员对准客户喜好、性格欠了解的前提下，不要轻举妄动，最好选择那些保险系数比较高的话题，这样不容易引起分歧。

安全的话题

1. 天气。

同陌生人谈论天气是最基本的交际规则，这既不会引起客户的不快，也不会无意触到客户的禁忌，安全系数为五星。

例如：今天真是骄阳似火，我想太阳大概是在热恋吧！

老天真喜欢给人惊喜，这场大雨给整个城市都洗了个澡。

同样谈论天气，尽量让语言有光彩，不要干巴巴说"今天天气真好""天气不错"之类。

2. 工作、学习。

歌词中说，为了生活人们四处奔波。无论是工作还是学习，这都是大部分人的共同话题，销售员提起来，客户也不觉得陌生。

例如：常听别人说做 IT 的人早出晚归，晒不到太阳，现在看您忙碌的样子，不信也不行了。

据说你们大学生现在压力特别大，连谈恋爱都要挤喝咖啡的时间，是不是真的这么夸张？

3．新闻、时事。

每天这个社会都自动提供有趣的话题，比如国家出台的什么新政策、对工商企业的改革措施等等，销售员尽量找些同客户行业有关的事件，这样更能引起对方谈话兴致。

例如：张总，听说文化部要放开网吧牌照，这可是个巨大商机啊！

4．衣、食、住、行。

衣、食、住、行四样是每个人都关心、都要接触的事情，这是人们生活的基本需求。销售员以此为话题，可谓四平八稳。

5．根据搜集客户情报提出话题。

拜访前销售员进行了客户情报搜集的工作，如果得知客户在某一方面具有浓厚兴趣，销售员自然不必考虑上面的问题，可以直接谈论客户的兴趣点。

例如：某客户喜欢足球，销售员可以谈谈最近的赛事，但不要表示出对某个球员的强烈喜好。万一客户喜欢“外星人”，销售员偏说他像个傻阿福，攻击客户偶像的结果可想而知。

学会运用这些安全话题，对销售拜访有很大帮助。在此基础上，销售员也要对禁忌话题作些了解，以免触了客户霉头。

禁忌话题

- 政治、宗教。
- 容貌以及身材上的缺陷。
- 上司、同事、邻居以及单位的坏话。
- 客户的商业机密。
- 客户的个人生活。
- 过于专业化的话题。

三、主导拜访气氛和话题

销售员在拜访中，要通过自己的行为影响拜访气氛，尽量创造轻松的氛围，并把握拜访话题和节奏，自始至终控制局势，而不是被客户牵着鼻子走。

营造轻松谈话氛围

很多有经验的老销售员，会选择一些咖啡室或茶座洽谈业务，因为这样的地方容易营造良好氛围，从而帮助交易达成。

销售新手初次拜访客户，很难把客户约到外面，但即使在客户办公室中，销售员也可以利用技巧营造轻松气氛。

保持安全距离

防备心理，是人类的自然本性。经研究表明，75～100厘米是人们感到最舒适的距离。销售员要记住，安全距离以内的空间只能留给最亲近的人，像亲人或好朋友，销售员初次拜访，自然不可“越雷池半步”。

销售员小张在岗前培训时，老师特别强调初次拜访不要同客户“套近乎”，一定要保持安全距离。

小张谨记老师教导，又加上第一个客户是位女士，入座时小张就选择了距离客户比较远的椅子。坐下后才发现自己和客户坐在了会议桌的对角线上，你一句我一句像在进行势不两立的谈判，给客户递资料也很不方便，别看来回十几步路，总觉得别扭异常。

结果，这次拜访就在不尴不尬的气氛中结束了。

借用赵本山的话说，这叫“距离有了，美没了”。任何事情都是过犹不及，销售员同客户最好不要超过150厘米的距离，否则非但气氛没有，连沟通都会产生障碍。

说话不要过多也不可过少

话太多的销售员，容易使客户产生喧宾夺主的感觉；而话太少，又容易造成沉闷、尴尬的气氛，让客户觉得不自在，甚至是压抑。

销售员要掌握说话的分寸，就要针对自己的说话习惯进行调节。情况不外乎两种：

1. 销售员是个健谈的人。

很多销售员都有这个特点，说起话来滔滔不绝，没完没了，听众已经厌烦了，他自己却还眉飞色舞一点都未觉察。

对于这种人，很难在谈话中自行刹车，但是可以选择总结性的方式来跟客户交谈，这样能很好控制话量。

例如：这款面膜能够收缩粗大毛孔，增加皮肤细腻度，同时可以 12 小时锁住皮肤水分，现在买还会送您 2 片新推出的红酒面膜。

2. 销售员是个安静的人。

安静的人喜欢默默融入到大的氛围当中，总在潜意识中避免别人注意，想得很多但说得很少。

对于这种情况，销售员可以有意识地多使用形容词，多找机会给客户介绍产品，以使气氛活跃一些。

例如：这款面膜主要有三大功能，最突出的就是收缩粗大毛孔，因为面膜中含有活性炭元素，对积存毛孔的污垢能像磁铁一样吸收。而且面膜中富含多种果维素，提供皮肤需要的各种营养，想想营养充足，皮肤怎么会没光彩呢！最后，这款面膜还有很好的补水功能，正如广告中所说的“喝饱水的皮肤水灵灵”……

说话声音大小适度

有个销售员上门推销助听器。

客户戴上后，听到销售员扯着嗓门跟他讲话，就很不高兴：“难道你认为我的听力这么差劲吗！”

销售员被赶出门，之后找到了第二个客户。

客户试着戴上助听器，销售员吸取了教训，这次很小声地跟他讲话，但因为声音太小，以致客户没有听清楚。

客户抱怨道：“你的助听器根本帮不了我任何忙。”

结果，销售员再次被赶出门。

销售员在拜访客户时，说话声音的高低也需要注意。声音太大，容易让客户产生被压迫的感觉；声音太小，客户会认为销售员不自信，并进一步怀疑产品质量。

有的销售员知道自己是个“大嗓门”或“小蚊子”，但习惯成自然，很难改正。其实没有任何习惯是改不了的，要看销售员是否有决心改正。

“大嗓门”对策：

- 说话有意识地让口形小一些。
- 无论多急切的事情，都避免喊叫。
- 经常听一些轻音乐，和朋友聚会选择安静的咖啡厅或茶社。

“小蚊子”对策：

- 晨练时尝试大声叫喊。
- 多同听力欠佳的老年人交谈。
- 每次说话，有意识的让口形大一些。

怎样安全转移话题

销售员在拜访客户中，无论开场多么精彩，气氛调节得多么好，都是销售洽谈的铺垫，要知道面谈的目的就是卖出产品。

因此，当客户同你热烈讨论足球赛事或滔滔不绝抱怨工作压力时，销售员要主动转移话题，把客户注意力集中到业务合作上来。

转移话题的三个步骤

图 5－1　转移话题三步骤

1. 提出议程。

提出议程就是向客户表明此次拜访的目的，这能快速进入销售话题。

小刘是个音响销售员，第一次拜访的客户是个电影迷，他滔滔不绝向小刘讲起了法国电影新浪潮运动，从发起到高潮，讲得不亦乐乎。

小刘一边表示对客户专业度的赞赏，一边说：“张先生，我也经常淘碟看，但一直没找到《筋疲力尽》和《四百下》。”客户立刻道：“那可是新浪潮的代表之作，我这里有，你现在要看吗?”

小刘：“我当然很想看，无奈我得先工作不是？这样，我先给您介绍一下我们公司的音响，如果有时间我们再讨论一下新浪潮怎么样?”

销售员不能由着客户展开一些跟销售进程无关的话题，万一客户进入“忘我状态”，销售员有必要提醒对方双方见面的目的。

2. 陈述议程对客户的价值。

主要是向客户说明产品的好处，不然，又凭什么让客户来关注产品呢。

客户听了小刘的提议，耸耸肩膀，有点兴味索然。

小刘立刻说：“其实，张先生这么喜欢看电影，怎么能对音响效果没有要求呢。我们有几款家庭影院非常不错，您现在购买还有优惠的折扣，这是实物图片，您如果感兴趣，我将详细介绍。”（将准备好的资料等给客户）

在这个过程中，销售员可以充分发挥样品和资料图片的作用，以引起客户购买兴趣。

3. 征求客户的同意。

即销售员征求客户同意议程，以便开始会谈。

看完图片，客户觉得几款产品都不错，默认了小刘的提议。

小刘见机立刻展开销售陈述，成功将一套家庭影院卖给了客户。

有的销售员对话题转移的三步走很不以为然，觉得有第一步就够了，后面实在画蛇添足。殊不知强行转移话题，客户通常不会买账，结果成了销售员唱独角戏，自然没什么可唱的了。

四、拜访客户有策略

在销售拜访中，如何掌握客户性格、取得客户信任，关系着整个拜访的成功几率。对于老销售员，凭借经验就可水到渠成，销售新手没有这方面优势，就必须进行学习。因为经验虽然学不到，但方法却可以通过学习获得。

学一点快速识人术

“我学会了很快判断人，迄今为止，我通常都能从我们第一次会面中了解他很多情况。”

——石油大王洛克·菲勒

了解客户才能赢得客户，很多成功的企业家或销售冠军都有自己的识人之道，这不是相面迷信，而是从经验中总结出来的，并且是行之有效的方法。

快速识别客户的简便方法

1. 客户态度识别。

开场白结束后，客户大体了解到销售员的来意，以及所销售的产品，作为回应，客户会有一个态度，而销售员正好根据客户态度来识别客户性格（见表5－2）。

表5-2　客户态度识别

客户态度	客户识别
“我需要再考虑一下。” “那个是不错，但我不需要。”	冷静深沉，喜欢思索和推敲，销售员意见很难对其产生影响，属于理智型客户
“哇，你们的产品还有这个功能！” “这种款型很前卫呀！”	对产品特性和相关信息比较感兴趣，表现比较冲动，属于好奇型客户
“你们价格太高了，××的才××钱……”	喜欢讨价还价，对质量、服务等挑三拣四，希望销售员对他足够注目，这是斤斤计较的客户
“就这个，我××钱能买俩，还比你们的好！”	以产品专家自居，表现欲望强烈，希望别人对他仰视，此为自以为是的客户
“我很早就想买这个了，可是一直没看到合适的，你看……”	说话口若悬河，积极发表自己的意见，喜说不喜听，但也往往说了就忘，属于滔滔不绝型客户
“你能不能再拿那个看看，这个不是太好。”	表现出要买的样子，关键处闪烁其词，实际只看不买，这是虚情假意型客户
“好了，不用说了，我看这个就行。”	干脆利落，说一不二，买则买，不买则不买，是果断型客户
“我觉得还行，但是你们还有没有更好的，价格能不能再低点？”	想买又不能下决心买，往往表现出求助于销售员的表情，不能自主决策，为多疑型客户

2. 办公桌识别。

销售员对客户拜访，最常见的地点就是客户的工作区域，即办公室。办公室就会有办公桌，在这个属于私人使用的办公用具上，销售员可以找到很多蛛丝马迹（见表5-3）。

表5-3　办公桌识别

办公桌观察	客户识别
抽屉和办公桌都整齐干净	工作注重效率，珍惜时间，做事井井有条
办公桌上摆放家人照片	有责任心，注重感情，做事有毅力
桌面物品摆放随意、无序	待人热情亲切，性格随和，但做事马虎，没有长远计划
文件摆放整齐、干净	工作条理性强，做事小心谨慎，缺乏冒险精神
文件资料摆放毫无规律	无法集中精力做好一件事，常常虎头蛇尾
办公桌像个垃圾堆	缺乏责任心，工作三心二意

3. 身体小动作识别。

很多人在交谈时，都有一些习惯性的小动作，最普遍的像抖动双腿，对销售员来说，客户做出小动作反馈回来的却是大信息（见表5－4）。

表5－4　身体小动作识别

小动作	客户识别
摸鼻子或遮嘴	多疑，不容易信任他人，自己说话也常常“心口不一”
抓耳朵	不耐烦，缺乏耐心的表现
用手搔脖子	犹豫不决，不能作出决策
拉衣领	防备心理很强，或是说谎话时的表现
摩擦双手	积极期待的表现，快则欲望强烈，慢则尚有疑虑
抖动双腿	思想在做激烈斗争，或是敷衍销售员时的表现

除了以上三个方面的识别外，销售员还可以根据客户说话的语气、客户的穿着，甚至客户所抽香烟的品牌进行识别。平时销售员要养成细致观察的习惯，注意对客户进行识别总结，防止以偏概全现象的发生。

目的：提高学员识别客户的能力。

道具：无。

问题：

1. 请一位志愿者上台。
2. 让学员根据这位志愿者的衣着，依次对其性格进行判断。
3. 然后由志愿者对所作判断进行点评。

提示

如果是个人演练，可以观察家人及朋友的着装特点，然后同性格对照，看有无规律可循。

提高销售信任指数

没有一个销售员天生长着一张被人信任的脸，但让客户产生信任却是销售成功至关重要的因素。

销售员如何培养自己的信任度呢？从大范围来说，要学会做人，能巧妙地拉近与客户之间的距离，具体可以从三个方面培养：

1．越是新手越要有自信。

销售新手面对客户的时候，要抱着绝不怀疑自己公司、自己产品、自己能力的态度。要得到客户的信任，首先要得到自己的信任。

销售员在面对客户时，不妨问自己三个问题：

- 我是个有能力的销售员吗？
- 我提供的产品是客户最需要的吗？
- 我的公司是客户最理想的合作伙伴吗？

扪心自问，能毫不犹豫地说三个“绝对是”，销售员才可以去见客户，并把这种信息通过言谈举止传达给客户。

2．吃得苦受得累。

销售是个辛苦的工作，没有吃苦受累的精神，就不能成为一个优秀的销售员。通常情况下，客户很难信任一个销售新手，是因为觉得刚入行的新人不具备吃苦精神，遇到麻烦容易撂挑子。

小马去××厂拜访客户，此厂地处偏僻，交通不便，小马下车后徒步走了将近一个小时才到。

在整个拜访中，采购部主任对小马提供的样品非常满意，决定马上同厂长商量订货量。小马等在办公室，就跟采购部同事闲聊起来：“你们厂怎么建在这么偏远的地方，看看，我的鞋子都要磨穿了，这可是老爸送的名牌！”

此话无意被经过的厂长听到，厂长二话没说就让小马回去等消息了。

小马的一句抱怨话使煮熟的鸭子飞掉了，其实厂长否决小马不是因为抱怨本身，而是通过抱怨体现出小马好逸恶劳，缺乏实干苦干的精神。这样的人，又怎能让客户放心合作呢？

3．做可靠的人。

销售员必须有意识地塑造“可靠者”的角色，因为大多数客户更希望同那些可靠的人打交道，而厌恶“两面三刀”的家伙。

如何成为“可靠者”：

- 不打听客户的商业机密。
- 不随意透露他人的公、私秘密。
- 严格遵守职业规范和作业制度，坚决不做任何有损客户和公司利益的事情。
- 公私分明。
- 不随便承诺，一旦承诺则坚决做到。

五、拜访时不可忽视的问题

一次成功的销售拜访，除了做好准备、分析客户性格以外，还要注意拜访的时间、顺序，对未来合作作出恰当判断，并注意做好再次拜访的铺垫工作。

拜访时不可忽视的问题

取得一次成功的拜访，对于一个销售员来说不可忽视以下三个方面：

1. 拜访时间。

在正确的时间出现，才能做出正确的事情。销售员拜访要以客户时间为中心，也要以产品时间为中心。

朱强是圣诞装饰品销售员，××俱乐部是他的潜在客户。

小朱一大早就到了××俱乐部，因为没有提前预约，不知道该俱乐部周一有例会。小朱只好等着，一等就到了中午。会议完毕，经理要同一个商业伙伴共进午餐，小朱只好表示下午再谈。

直到下午3:00，小朱才见到经理。表明来意后，经理有点莫名其妙，说："国庆节的活动还没忙完，哪顾得上圣诞节呀！你先回去吧，过两个月再来也不晚。"

朱强选择的时间错误，结果在等待拜访这一项上就浪费了大量时间，其次，圣诞节产品订单主要集中在11～12月，朱强没到10月就去拜访客户，明显不合时宜。至于一无所获的结局，自然也在情理之中。

如何把握拜访时间：

- 对客户拜访，尽量提前预约。
- 不能预约的客户，要在办公时间拜访，避开周一、周末这样开例会的时间。
- 产品销售有特定时间的，一般在下订单前1～2周进行客户拜访。

2．拜访顺序。

有些产品，像上面提到的圣诞饰品，客户购买集中在一段很短的时间内，同样，销售员也必须在短时间内拜访所有目标客户。时间紧任务重，销售员要取得好业绩，就要计划好拜访的先后顺序。

客户拜访基本顺序：

- 成交可能性大的客户优先。
- 产品需求量大的客户优先。
- 产品需求度高的客户优先。

3．未来判断。

有的销售员在进行拜访时，只看当前利益，这样即使销售成功，也多半会是一锤子买卖。而作为一名优秀的销售员，要通过各种途径，从第一次拜访中判断未来的合作前景，从而培养出长久客户。

谢晶晶是台布销售员，在××饭店进行客户拜访时，发现这家饭店在该地区口碑非常好，而且开了多家分店，于是就主动向对方经理请教。

经理说："我们饭店从明年开始就要以此为中心，向全国辐射性建立分店，到时肯定要订制更多的台布。"

谢晶晶接着问对方对台布市场有什么看法，经理说："隔行如隔山，但我也知道你们供应商除了价格战外，就是花稿战。照我看，明年的台布市场可能是单色、纯色的天下，像嫩嫩的草绿色，特别能活跃视觉。"

谢晶晶听在耳里记在心中，次年该饭店向全国进军时，她带着精心准备的纯色系列花稿又来拜访那位经理，尤其是经理提到的那种嫩绿，有十几种选择，令对方看了大喜过望。

未来合作前景，可以借鉴客户发展计划作出判断，包括客户规模扩展、发展方向变化、经营范围伸缩等等。除此之外，销售员还可以主动同客户探讨市场行情，也能得到很多珍贵资料。

制造再次拜访机会

销售拜访一次成功的几率不是很高，尤其是一些大宗消费品，销售员为拿订单，总得让自己的双腿忙活一阵。

鉴于这种情况，销售员在第一次拜访时，就要为第二次、多次拜访做些铺垫。这种工作的价值是，能很好地避免潜在客户流失。具体方法如下：

不过早下结论

即使客户明确表态没有购买意向，销售员也不要立刻把对方排除掉，因为此时下结论，为时过早。

有一个销售员敲开一家住户的门。

销售员：您好，太太！要不要为您的丈夫换把新剃须刀？

客户：抱歉，我刚刚离婚！

销售员耸耸肩膀离开。

第二天，又有一个销售员敲开这户住家的门。

销售员：您好，太太！圣诞节到了，为您丈夫换把新剃须刀吧！

客户：我刚离婚，不需要剃须刀！（太太非常生气。）

销售员：哦，很抱歉！不过，您也许会很快开始新的生活。这是我的名片，如果您需要，请打电话，我将为您提供满意的服务。

不久，第二个销售员果然接到那位太太的电话，正如销售员所说，她遇到一个好男人，所以要为他换把好的剃须刀。

这个世界上所有事物都在不断变化发展，第一个销售员的失败之处是过早下了结论，而忽视客户方可能性的变化，第二个销售员恰恰相反，他不知道那位太太什么时候再婚，也不管她会不会再婚，只是留下了可能和希望，结果，就收获了一次销售机会。

销售员在拜访中遭受拒绝不可避免，但也不要因此就放弃客户。要有一种

"明天客户"的概念，给客户留下名片或资料，对合作表示一定的期待。

借缘故再访

销售员首次拜访没能取得良好效果，在客户没有提出进一步洽谈而销售员很想再谈的前提下，可以找些缘故、借口，制造再访机会。

刘辉是化工原料销售员，首次拜访××公司。

采购主任：你们的报价太高了，而且我们近期也没有进货计划。

小刘：那倒没有关系，来日方长嘛。主要这次没把2R50乳胶带在身上，不如让我拿样品来，你们看看实验效果。

采购主任：没这个必要吧。

小刘：其实，像你们这样的大客户，公司有价格优惠的先例。这样，我跟领导研究一下，明天或后天咱们再聊聊，顺便还可以看看样品。

采购主任：那就先这样吧。

客户可能只是为了快点结束拜访，才随意敷衍销售员，但刘辉抓住这样的机会，两次有意识地为再访做铺垫，第一次被拒绝后，他再接再厉，终于在第二回合将客户拿下。要知道，二次拜访并不只是一次简单的拜访，而是一个合作的可能性。况且有了一次拜访的了解，下一次会更有针对性，成功几率也大很多。

再访的恰当借口：

- 假装忘记带什么东西，例如资料、图片、样品等。
- 请示领导，争取更优惠条件。
- 针对客户意见，对合作方案进行修改，并表示很快反馈修改方案。

第六章

销售陈述——用聪明的方式说聪明的话

陈述就像一盒巧克力，
你必须知道将会得到什么。

——改编自《阿甘正传》

一、认知销售陈述

销售陈述指销售过程中，销售员在巡回展出、技术交流以及拜访客户时，用一段完整的时间清晰而全面地向客户进行产品和服务等方面的介绍。

销售陈述是销售员最应重视，也是应用最多的一个步骤，所以要认真对待。

陈述前的三个“?”

每个销售员在进行陈述前，首先要搞清楚三个问题（见图6－1）：

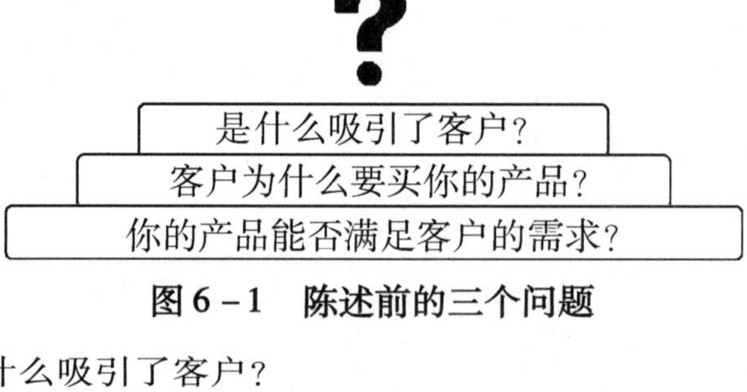

图6－1　陈述前的三个问题

问题一：是什么吸引了客户?

销售员进行陈述的最终目的是卖出产品，但最终能吸引客户购买的却未必只是产品本身。

“二战”时，美国军方推出一个保险计划，每个士兵每月交 10 美元投保，万一战死前线，他的家属将获得 1 万美元的赔偿。

连长把这个保险介绍给全连兄弟，认为大家会踊跃购买，没想到却无一人报名。这时，一个老兵站起来对大家说，弟兄们，假如我们购买保险，战死沙场，将得到 1 万美元赔偿；假如我们没有购买保险，在前线被打死后一分钱也得不到。大家请想一想，政府会派那些死了要赔 1 万美元的士兵上前线，还是会派死了也白死的士兵上前线？

结果是不言而喻的。但同样一个保险，为什么从连长嘴里说出来无人问津，而从老兵嘴里说出来却成了抢手货？原因很简单，连长干巴巴地卖保险，而老兵告诉兄弟们，10 美元能够保住自己的小命。对于战争中朝不保夕的士兵来说，还有什么比生命保障更有吸引力的事情？

所以，销售员在陈述产品前，务必要搞清楚，所卖产品哪点能吸引客户。

问题二：客户为什么要买你的产品？

同样的产品，不同人购买有不同的动机。比如一辆汽车，有人买是为了代步、方便，有人则是为了显示身份，还有人仅仅是为了追赶潮流。总之，不管销售员出售什么产品，客户所购买的都不仅仅是产品本身，而是产品所带来的好处。

很多企业的 CEO 为什么每个月都要购买数量可观的方便面呢？他没有钱到高档餐厅用餐吗？或者他只是为了填饱肚子，对食物毫无挑剔？当然不是。选择方便面是因为他们工作繁忙，吃方便面可以节省宝贵时间。从这个层面上讲，CEO 买的不是方便面，而是自己的时间。

问题三：你的产品能否满足客户的需求？

很多销售员见到客户后，立刻告诉客户他的产品是什么样子的，什么原理，有多少款型可供选择，价格多么优惠……可惜说了半天说得口干舌燥，客户就是不为所动。

这里有两份电磁炉产品介绍：

No. 1

第一部分：电磁炉是什么，它是无需明火或传导式加热的无火煮食厨具。

第二部分：介绍工作原理。电磁炉通过电子线路板组成部分产生交变磁场，当把含铁质锅具底部放置炉面时，会切割产生交变电流，导致锅具铁分子高速无规则运动，以致分子互相碰撞、摩擦产生热量。

第三部分：电磁炉不适用于铜、铝、陶、玻璃等锅具和容器。

No. 2

第一，电磁炉体积小，外观优美，方便整洁。

第二，用电工作，无明火，安全系数高。

第三，煎、炸、烹、煮、火锅样样都行，是真正的烹饪之神。

相信销售员以第一种内容向客户介绍，卖出产品的机会很小，如果是用第二种，那就大得多，因为第二份介绍完全以满足客户需求为中心。故此，销售员在卖任何产品前，都要先问问自己所卖产品能满足客户何种需求。

陈述的目标和次序

销售陈述的目标就是卖出产品，但卖出产品不仅是陈述的目标，还是所有销售环节的目标。因此，在具体的销售陈述阶段，有它区别其他销售环节的使命。

销售陈述的目标

- 客户通过销售陈述能清晰地了解到什么？
- 应该创造何种气氛，让客户对产品产生何种感觉？
- 听完陈述后客户将做什么？

还是上面电磁炉的例子，销售员在做完销售陈述后：

第一，客户至少能够了解到 No. 2 的所有信息。

第二，让客户产生电磁炉非常适合家庭烹调，买回家会很方便的感觉。

第三，至于听完陈述后客户将做什么，当然是购买产品，这是陈述目标达成的自我检测。

完成陈述目标需要注重优先次序

每个产品都附加很多信息，但这些信息中有客户需要知道的，也有客户不需要知道的，有客户非常关心的，也有对客户无所谓的。销售员在陈述产品信息时，有必要将已知信息进行分类，按照先后顺序进行排列。如图6－2：

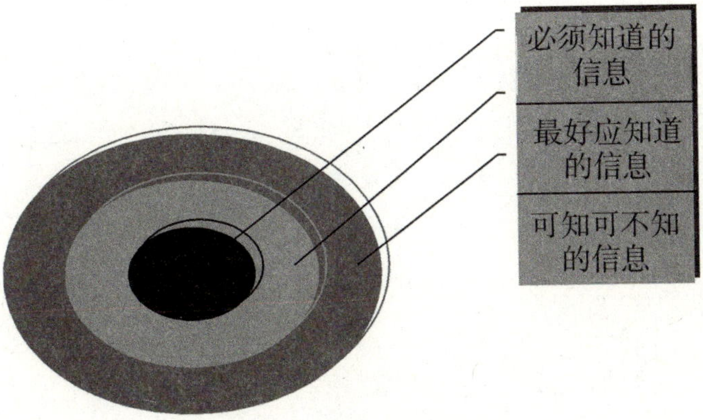

图6－2　信息分类排序图

按照图6－2所示，在圆心部分首先是客户必须知道的信息，其次是最好应知道的信息，再次是可以知道也可以不知道的信息。陈述顺序，自然是从内到外。

同样电磁炉的例子。

圆心内容：

电磁炉用电工作，无明火，安全系数高。

电磁炉热效率高，能有效缩短烹饪时间，节省家庭开支。

煎、炸、烹、煮、火锅样样都行，是真正的烹饪之神。

次圆内容：

电磁炉体积小，外观优美，方便整洁。

电磁炉适用的锅具（不适用的锅具）。

外圆内容：

电磁炉的工作原理、未来前景等。

二、怎样陈述产品利益才能打动客户

销售陈述有两个主要点，其一是产品特点；其二是产品利益。优秀销售员应该把两者准确区分开来，并在陈述时有所侧重。

把产品特点和利益区分开来

产品的特点和利益是互相不同的两个概念，对于销售员来说，明确它们之间的联系和差别，是有效进行陈述的一个前提。

产品特点，指的是产品本身所固有的特征，如材质、结构、尺寸等等。

产品利益，则是客户从购买产品上得到的价值，也就是产品的特点能给客户带来哪些方面的好处。

特点和利益区分

一般来说，产品的特点是一目了然的，还拿电磁炉来说，它的特点是电力工作、热效率高、功能齐全、体积小等等，而这每一个特点又对应着一个利益点，如图6－3所示：

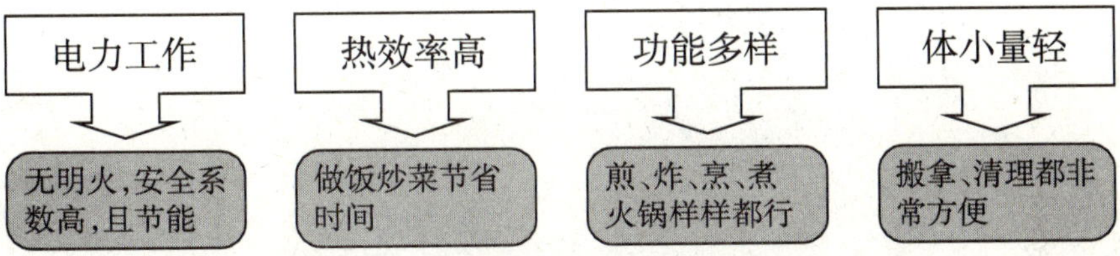

图6－3　电磁炉特点与利益点对应图

产品特点是其本身所具备的，而利益则是特点所能带给客户的好处，这两方面区分起来其实并不困难。

测　试

请正确区分下列产品的特点和利益点，把相应答案填在括号内。

1. 自行车　　特点（　　）　　利益点（　　）

   A. 体积小，重量轻，可以折叠

   B. 可以轻松地放在办公室、寝室甚至汽车后备箱中，不易被盗

   C. 根据车轮大小，做了齿轮前后调节

   D. 骑车舒适快速，不费力气

2. 太阳镜　　特点（　　）　　利益点（　　）

   A. 可折叠

   B. 色彩选择空间大

   C. 方便携带

   D. 保护眼睛

3. 信用卡　　特点（　　）　　利益点（　　）

   A. 不用携带大量现金

B. 可以透支

C. 可以直接从银行划账

D. 不必担心钱不够用

4. 手机　　特点（　　）　　利益点（　　）

A. 具有 130 万像素拍摄功能

B. 能随时拍高清晰度照片

C. 可以储存 300 首歌曲

D. 能像 MP3 一样听歌

5. DVD　特点（　　）　　利益点（　　）

A. 具有跳跃功能

B. 可以跳过广告，直接进入主菜单

C. 超强纠错功能

D. 即使碟片磨损，也不影响观看效果

参考答案

1. 特点 AC　利益点 BD

2. 特点 AB　利益点 CD

3. 特点 BC　利益点 AD

4. 特点 AC　利益点 BD

5. 特点 AC　利益点 BD

强调客户利益

销售员在向客户介绍产品时，免不了特点介绍，但不能一味地罗列特点，这是很多销售的误区。认为特点讲得越多，客户对产品认识就越全，进而购买希望也越大。其实并非如此，客户最想知道的是产品能带来什么好处，也就是产品的利益点，因此在销售陈述时，特点为轻，利益为重。

以电磁炉为例。

销售陈述一：电磁炉顾名思义就是用电工作的，热效率高，功率可达 1900 瓦。功能非常齐全，能满足基本的烹饪需求。而且，它的体积比较小，没有多少重量，符合现代家电轻巧趋势……

销售陈述二：这种××品牌的电磁炉能煎、能煮、能炒、能炸，冬天想吃火锅也没问题，真正的一灶多用。功率从70～1900瓦不等，想快就快，想慢就慢，一切都在掌握之中。再说它用电工作，没有明火，使用起来安全放心……

第一种陈述注重电磁炉的特点，第二种则倾向于利益介绍，对比来看，客户显然更喜欢后一种。

FABE转换法解决问题

很多时候，客户给销售员陈述的时间有限，销售员如何在很短的时间里成功陈述产品呢？方法之一就是完整地把产品特点转换为产品利益，让客户在第一时间了解他能得到什么。

转换的FABE法

- F（Feature）——特点，即产品所具有的各种特点。
- A（Advantages）——优点，即由特点所带来的各种优点、好处。
- B（Benefits）——利益，即把产品的各种优点演绎成一个或多个购买动机，也就是说明产品如何满足客户需求。
- E（Evidence）——证据，即证实产品拥有以上好处的证据。

FABE法就是教销售员如何按部就班将产品特点转变成产品利益，而且这个转换的过程自成体系，有滴水不漏的完整性。它不但实现了转化，还同时进行了论证，有理有据，说服性比较强。

演练

以××品牌电磁炉为例进行说明。

电磁炉顾名思义，就是用电工作、热效率高，而且功能齐全、体小量轻（特点），只要接通电源就可以使用，没有明火，安全系数非常高，或煎、或炸、或烹、或炒，样样都行，样样都快，可谓省时省力又省钱。（优点和利益）

针对××电磁炉的调查表明，1000克水从250度烧到1000度，只需2分29秒，传统炉灶要用5分33秒。按烧水推论，客户使用一年电磁炉可节省422元，堪称未来家具炉灶的“烹调之神”。（证据）

链接——FBI陈述法

跟FABE异曲同工的是一种FBI销售陈述方式。

- F（Feature）——特点、特色。
- B（Benefit）——利益、好处。
- I（Impact）——冲击、影响。

简单用语言表达这三个步骤，就是先说明产品的卖点、特点等等实际情况，然后将这些事实加以解释、说明，并给予适当评价，阐述客户从中所能获得的利益。最后用F、B给客户观念上的冲击，进而使顾客产生购买欲望。

运用FBI的重点是：第一要掌握好三段论的阐述方式；第二要销售人员对所售产品知识有全面的了解。

其实，这两种陈述方式，都侧重于把产品特点转换为客户利益，这个转换的过程，可以在销售陈述前完成，而把最精华的结果，即客户利益直接转述给客户。客户如果感兴趣，会提出疑问，销售员这时再介绍利益来源——产品特点也为时不晚。

销售员在学习时，不要拘泥于方法程序的问题，像FABE既可以从F到E，也可以从E到F，销售员要根据产品状况和客户状况自行调节。

演练

目的：让学员实际体验利益陈述的优势所在。

道具：资料一份。

一款配置了ABS（防抱死制动系统）的汽车。

ABS的好处是：

1. 可以大大缩短车辆在湿滑路面上的制动距离。

2. 防抱死系统，就是防止轮子抱死，制动时驾驶者仍可以打动方向盘，绕开障碍物。

3. 可以防止紧急制动的轮子抱死产生的“甩尾”现象。

4. ABS 还可以防止由于制动时轮子抱死，轮胎拖滑而产生异常磨损，从而延长了轮胎使用寿命。

问题：利用上面资料，请学员简单做一份 FBI 式销售陈述。

三、语言介绍先声夺人

产品没有嘴巴，嘴巴长在出售产品的销售员身上。会使用语言的销售员能够把产品介绍得有声有色，并打动客户实现购买。

销售员用语言去包装自己的产品，如何让整个过程更加有趣，就要掌握正确的语言介绍法。

语言介绍的常用方法

不同的产品适用于不同的语言介绍，不同的语言介绍满足不同口味的客户，销售员在实际操作时，要针对自己的产品进行选择，这样才能达到最好的效果。

列举数字法

在销售实践中，有很多销售员善于运用产品数据说明问题，你说产品能给客户赚钱，那能赚多少钱呢？你说产品能给客户节省开支，那又能节省多少开支？销售员拿出数据来，不由得客户不相信、不动心。

一个美的电磁炉销售员在向客户介绍产品时就用了列举数字法：

实验证明，采用“5D全高效节能”系统的××电磁炉，热效率高达94.36%，将1000克水从250摄氏度烧到1000摄氏度，只需要4分21秒，传统煤气灶则需要5分33秒；如果就按烧水作推论，一年下来，××电磁炉平均大约比普通电磁炉省34.56元，比普通燃气灶约省432.96元。

不过，数字列举的选择要直接跟客户看得见的实际利益挂钩，比如能省多少电，能省多少钱之类的。像上面××电磁炉的例子，销售员就没有必要介绍××的巨能大线圈盘每箍铜丝达102根，普通电磁炉只有24根之类。因为即使说出这个重大优势，客户也感觉不到对自己有什么实际帮助。

富兰克林法

富兰克林是美国伟大的政治家，同时他也是一名优秀的销售员，有自己一套完善的说服方法。后人对其进行总结，命名为“富兰克林法”。

假如销售员运用富兰克林法，向客户介绍“5D全高效节能系统”的××电磁炉，销售员会在介绍过程中列出购买后的好处以及不购买的损失。

购买的好处：

无明火，使用安全。

热效率高，做饭省时省力。

功能齐全，无论煎、炒、烹、炸、煮、火锅都可以，真正一灶多用。

体小量轻，无论搬拿还是清洁，都非常方便。

每年为客户节省几百元的家庭开支，同时还拥有绿色环保灶具。

……

不购买的损失：

普通燃气灶使用不当可能引发火灾，而且燃烧产生的有害物质会损害使用者的健康。

要花更多的时间在厨房里，也就意味着剥夺了娱乐、休闲的时间。

不仅要有一全套普通炉灶锅具，想吃火锅还要另购火锅炉，无疑多了一项家庭开支。

普通炉灶既大又笨重，清理不方便，想重新布置厨房则要请人帮忙才能完成。

每年要多花费几百元，而这部分钱完全可以买一个功能优异的电磁炉。

……

富兰克林法就是通过这种利益获得和利益损失的对比，来达到说服客户购买的目的。销售员可以将两者列成清单给客户看，买的好处和不买的坏处一目了然，相信客户看完之后，就不用再权衡利弊了。

在日产汽车销售公司有个叫奥成良治的销售员，他成为金牌销售的秘诀就是想出了一百条客户购买汽车的好处和不购买汽车所蒙受的损失。销售员在工作实践中，不妨借此法一用，因为富兰克林法适用性比较强，毕竟任何产品都有它的购买利益。

讲故事法

有句话说“不会讲故事的销员售，不算好销售员”，这是否可以当做标准来推广暂且不论，实事上故事确实对客户有很好的吸引力，换个词说就是能够“引人入胜”。

讲故事和干巴巴的介绍，哪个更能打动客户？答案不言自明。

凉茶在广东一带向来受到欢迎，但到北方就很少有人知道。

一个凉茶销售员到北方A城市开发市场，他见到客户并不着急介绍产品，而是先讲故事。说：清朝嘉庆元年，有位叫做王吉的医生在广州开药店，一边行医，一边经营一种凉茶。有一年，南洋群岛发生流行性感冒，病人很多。王吉就献出自己的凉茶药方，许多病人喝完，竟然很快恢复了健康。于是凉茶名声大振，很快流传到东南亚一带，受到海外华侨的追捧。在梁启超的《新大陆游记》中就有关于“王老吉”凉茶的记载……

客户听完故事，总是会问为什么这个凉茶能治病？销售员就趁机讲凉茶的制作配方及其功能，将客户吸引住。

很多销售员都有这样的经验，到客户那里直接介绍产品，被拒绝的可能性非常大。讲故事则策略性绕过这个环节，如果销售员能讲得津津有味，并把产品大致原理融合其中，客户会不知不觉接受产品。

这种方法，比较适合那些文化性品牌，而且有一定的历史资料可以挖掘。不要随意编造故事，因为客户不是三岁小孩，哄骗他们是要付出高昂代价的。

避免满口术语

销售人员在对客户进行产品介绍时，无论采用什么方法，目的都是让客户了解产品，所以，要用客户听得懂的语言去介绍，而不是满口术语，让客户如坠云雾之中。

有位英国老太太想送孙子一件成年礼物，想来想去觉得买辆汽车比较合适，但她本人对汽车毫无了解，于是打电话给汽车销售员。

汽车销售员就问老太太：您的孙子爱好广泛吗？MPV

是不错的选择，或者 SUV 对年轻人更有吸引力，开着比较威风；RV 也不错，可以休闲娱乐，也可以旅行。当然，如果您的孙子是个完美主义者，就要考虑买辆零公里汽车；如果是个环保主义者，就买辆零排放汽车吧；假如他喜欢怀旧，您送辆老爷车，我保证他会欣喜若狂……

这样的介绍，不用说一个老太太，就是普通对汽车没有专门了解的客户也听不明白那个汽车销售员在说什么车，更别说购买了。在这里，倒可以花点时间对汽车销售员的术语简单“翻译”一下：

所谓 MPV，指的是多用途汽车，集轿车、旅行车和厢式货车功能于一身；SUV 主要指那些设计前卫、造型新颖的四轮驱动越野车；而 RV，是休闲车，也就是轻型乘用车；零公里汽车是行驶里程为零的汽车，主要是为了满足客户对所购车辆“绝对全新”的要求；至于老爷车，也叫古典车，一般指 20 年前或更老的汽车；零排放汽车则是指不排出任何有害污染物的汽车，比如太阳能汽车、纯电动汽车等等。

相信，销售员用“翻译”过的语言给老太太介绍，再来点专业性推荐，得到这个客户并不难，因为她确实需要专业的帮助，但不是专业到听不懂的语言。

在这个问题上，许多销售员存在误区，尤其是一些技术性强的产品，像电脑、数码相机等等。销售员要知道，自己是专家而不是技术人员，销售陈述的目的是让客户了解产品，而不是显示自己有多么高深。

四、销售示范后发制人

销售示范，就是销售员通过一定的方法，将产品优点、利益等展示给客户，以促成交易的行为。在销售陈述中，销售示范和语言介绍目的相同，但示范比介绍更有说服力。

一定要让客户看得见

语言介绍产品，是大多数销售员采取的方式，但在销售实践中，单纯运用语言并不能解决所有事情。例如：

语言介绍无能为力的问题

1．产品的很多特点、好处用语言无法完全表达。

语言是抽象的，所以不是万能的。例如，销售员介绍一种懒惰椅子，告诉客户这种椅子最大的优点就是舒适，但客户无法凭借“舒适”两个字体会到椅子的好处。

2．耳听为虚、眼见为实的传统观念。

耳朵接受信息，眼睛证实信息。销售员越是把自己的产品说得天花乱坠，客户就越不相信，只有让客户看得见，才是眼见为实。

销售示范是对语言介绍的有力证实。语言介绍传播的是信息，销售示范则用来证实这些信息，这既解决了产品利益说不出来的问题，又解决了说出来不信的问题。

多年以前，阿拉伯联合酋长们为了地盘不惜大动干戈。因为他们生活在沙漠地区，战胜敌人的最好办法就是水源投毒，这一点彼此都想到并且也都做到了，结果大家都没水喝。

一个美国商人从中看到了商机，迅速开发出一种过滤器，可以把水中的毒素过滤掉。马上，美国商人派出一个销售员，并给他 1 万台的艰巨销售任务。三个月后，这个销售员却带回了 2 万台订单。

美国商人很吃惊，问他怎么办到的。销售员说，很简单，我把酋长们召集到一起，当着大家的面朝过滤器上撒了一泡尿，然后我自己喝了。酋长们便立刻跪在地上高喊“真主”，之后就下了订单。

看得出，这个销售员根本没有介绍产品，但用自己的行为证实了产品的功能，方法够强，说服力也够强，客户自然就有了。这，就是销售示范比语言介绍更具实效的地方。

销售示范常用方法

销售示范的目标是让客户对产品有更为直观的了解，把产品特点、利益展示出来，客户在一目了然的情况下，也就“此时无声胜有声”了。

销售示范的方法

1．体验示范法。

体验，顾名思义就是让客户亲身接触产品，这是目前市场上应用广泛的促销方式，在业内有个专用名字，即“体验营销”。

许多超市食品区有专门的品尝点，顾客可以先尝后买；同样，大家去购买服装，总得穿到身上看了效果，才决定是否购买。吃着好吃，穿着好看，不用销售推销，大家也会掏钱购买，这是体验的优势所在。

有个销售员要卖一种具有护齿作用的口哨糖，到了××小区后，销售员首先召集了很多年龄在12岁以下的小朋友，发给他们每人一块糖，比赛看谁吹得更响。

小孩子爱吃糖又比较贪玩，自然争先恐后，顿时小区里口哨声响成一片，大人也被吸引了过来。孩子吹得高兴，就要求父母购买。

这时，销售员及时向这些父母介绍口哨糖对牙齿的保健作用，虽然价格略高，但大人经不住小孩的纠缠，又加上糖的保健功能，十有八九当场就买了。

体验要点：

- 产品好处要有立竿见影的效果，例如：口哨糖能不能吹口哨，吃一下立刻就知道。
- 用立竿见影的体验结果去带动其他产品利益，例如：糖是否能吹哨、是否可口，孩子吃了就可以判断；能否保护牙齿，却是一时体验不出来的，所以用前者推后者，会容易很多。

2. 对比示范法。

“不怕不识货，就怕货比货”，产品好不好，与市场同类产品比较一下，高下立见分晓，哪还用得着苦口婆心去解释说明呢。

有个洗衣粉的销售员，每次登门拜访都穿着一双非常脏的皮鞋。

敲开客户家的门，销售员就会拿出两块手帕，一块擦左脚上的鞋子，一块擦右脚上的鞋子，直到把两只鞋子都擦得非常干净。

客户看到销售员如此礼貌，很难拒绝拜访，只好让销售员进门。这时，销售员就向客户借一些家用洗衣粉清洗一块手帕，用自带的洗衣粉清洗另外一块手帕，然后让客户自己观察两块手帕的清洗效果。

客户会发现，第一块手帕清洗完毕后留下了淡淡污渍，第二块却没有任何痕迹，像新的一样。这时销售员趁机将产品介绍给客户，75%的客户都会掏钱购买。

对比要点：

- 跟同类型产品对比，例如洗衣粉不要同肥皂比，以免说服力受影响。
- 对比要突出自身产品的优势，例如洗衣粉不要对比颗粒大小，而要比清洗效果如何。
- 要比较效果明显的点，例如洗衣粉不要对比清洗后衣物的柔软度，因为区别不明显。

3．表演示范法。

销售员可以学习一些表演技巧，将它们运用到销售示范中，能增添销售示范的戏剧性。其效果是语言介绍无法企及的，能极大激发客户的兴趣。

法国商人开发了一种新型胶水，打入市场的方法非常奇特。就是在一个人左右脚上各滴了三滴胶水，然后把这个人倒粘在天花板上，并将这个激动人心的过程在电视中播放。结果，在一年时间中，这种胶水就卖出了50余万欧元。

如何增强表演的可看性：

- 如果可能的话，请知名人士进行表演，例如：影视明星。
- 增加难度、刺激性、诱惑力，例如：胶水不但能粘人，还可以粘一枚金币，谁能拿走就是谁的。
- 在表演时采取一些助兴措施，例如：大街小巷卖刮皮刀的，总有一串幽默的顺口溜。

4．参观工厂法。

请目标客户亲身到产品加工地参观，让对方了解所有的生产环节，从生产原料、生产方法、生产原理到加工成品，客户看得清清楚楚，自然会留下深刻的印象。

某肉制品加工企业，在产品打入市场后，销售状况一直不理想。因为消费者都觉得他们的产品是用猪碎肉制成，没有质量保证。

根据这种情况，销售经理每个月雇一辆中巴车，请50位消费者到工厂来，参观整个生产流程，并免费赠送每人价值可观的产品。

这样没过几个月，销售量便直线上升。因为，消费者通过实地考察，了解到原料是国家正规屠宰厂供货，猪肉质量全部有保障，打消了顾虑，市场的大门也就向这个企业敞开了。

这种方法的优点很明显，就是能在最大限度上取得客户信任。但需要注意的是，工厂参观法受地域局限比较大，而且要整个企业进行配合，具体操作时要针对自身情况。

演练

目的：让学员掌握销售示范的方法，并实际体验。

道具：一支笔。

这支笔有两个卖点：

其一：写字有香味。

其二：不怕摔。

问题：

1. 请学员尝试用合适的方法进行产品示范。
2. 由志愿学员上台扮演销售者，其他学员扮演客户。
3. 评比出最成功的销售示范。

提示

如果是个人演练，请自行设计示范方式。

五、陈述尴尬不尴尬

尽管很多销售员在陈述前都做了充分准备，但具体操作时，还是会出现一些临场问题。对这些意外事件，销售员如果不能快而好地进行处理，就会处于尴尬境地。

被客户“问倒”的应对方法

销售员要做产品专家，同时销售员也不是万能的，不可能掌握所有关于产品的知识，所以万一被客户问倒，也不必慌张，关键是采取怎样的应对方法。

电磁炉销售员向客户展示了炉灶功率选择、定时、烹调方式选择等功能后，对客户说：“您看，电磁炉体积很小，用完了随手用抹布一擦就可以了，非常方便。不过，这种灶具只能用铁质或不锈钢锅具……”

客户立刻问：那铝的也不行吗？（问题 1）

销售员：不可以。

客户：为什么呢？（问题 2）

销售员：用铁锅做饭还能补铁，也没什么不好的呀。

客户：可是我们家很多铝锅，再说这个不是用电加热吗？关锅什么事情？（问题3）

销售员：反正，您按说明书上做就没问题啦，再说我们的产品附赠两套锅具，您还有什么担心的！

显然，这个销售员并没有弄明白电磁炉工作的物理原理，但却偏偏碰到一个打破砂锅问到底的客户，销售员的表现如何呢？分析如下：

问题1回答，销售员只表示否决，没说明原因，因为他遇到了一个知识盲点。

问题2回答，销售员不解释客户疑问，转述铁锅好处，规避知识盲点。

问题3回答，销售员直接用“反正”搪塞客户，硬性回避知识盲点。

面对这样的销售员，客户是否能满意呢？销售员自始至终都没有解决客户疑问，并且不作任何交代，只一味回避。在客户那里，疑团也就越来越大，最后导致对销售员失去信心。

正确的应对策略

1. 遇到知识盲点，对客户坦诚以告，“不知道”这三个字并不可耻。但在“不知道”后面，销售员要表示了解情况后尽快为客户解答疑难。

2. 碰到专家型客户，有意测考销售员时，销售员要虚心请教，万不可摆出一副不知道还不想学的无理姿态。

3. 客户帮助找到知识盲点，无论在什么情况下，销售员都要真诚表示感谢。

就上面案例，正确应对应该是：

问题1回答：铝锅在电磁炉上不能加热升温。

问题2回答：因为铝锅对电磁炉所产生的磁场不产生反应。

问题3回答：很不好意思，电磁炉具体的物理原理我也不是很清楚，不过，我可以请我们组长来解答。

应对禁忌

禁忌一：不要企图糊弄客户，因为即使在第一个问题糊弄过去，客户也很快提出一个更深入的问题。另外，如果客户是个专家，会很容易辨认糊弄行为，结局只会更加悲惨。

禁忌二：不要用“反正”、“总之”之类词语敷衍客户，不负责任地把“皮球”踢回去，客户是绝对不会买账的。

销售员被“问倒”时，即使采取正确的应对策略，也只不过是做些亡羊补牢的工作。究其根本，还是要销售员加强学习，产品知识无论巨细都做到了如指掌，这样才能“先发制人”，避免出现被“问倒”的尴尬局面。

演练

目的：通过练习，强化学员对高难度问题的应对能力。

道具：无。

问题：

1. 请一名志愿者上台，充当销售员角色。

2. 其他学员以客户身份提出高难度问题，由销售员临场应对。

3. 主持人可以确定一个主题，例如一台电磁炉。客户要故意问高难度问题进行“刁难”，例如电磁炉的工作原理、电磁炉的未来市场前景如何等等。

提示

个人演练，可以在家人或朋友帮助下完成，也可以自行设计刁难问题进行应对。

陈述中断的补救措施

每个销售员都希望自己在陈述时不被意外打断，但是理想归理想，现实是现实。销售员总是无法控制那些“意外情况”，总有人会“不请自来”把客户的注意力带走，这是比较让销售员头疼的事情。

某日，化妆品销售员小陈登门拜访客户，她给客户准备了一款植物面膜的体验装，因为这款面膜中添加了薄荷成分，做时会有非常清凉的感觉，不但能改善皮肤，还很提神。

进入正题后，小陈按照程序给客户敷脸，这时客户刘太太的小儿子跑来喊着要吃冰激凌。刘太太答应做完面膜立刻带他去吃，小儿子听了悻悻走开。

五分钟后，敷了面膜的刘太太感觉非常舒服，小陈正要趁机详细介绍，小儿子又跑了过来，变本加厉吵闹着吃冰激凌。刘太太哄劝一番，也着急地问小陈还要做多长时间。

小陈说至少还要十分钟，因为时间不够，效果也就无从谈起。但现在刘太太一门心思想着去给儿子买冰激凌，就问："五分钟可不可以，我以前做面膜也就做个十分钟。"

小陈没办法，只好作出让步。

开始阶段，一切都在小陈的掌握之中，而且进展很顺利，客户也对产品的好感度很强。但就在关键时刻，意外因素出现，客户注意力完全转移，小陈的计划也被全盘破坏。

这样丢掉一个销售机会非常可惜，小陈虽然不能主导客户的儿子吃冰激凌的欲望，但是她完全可以在客户做面膜的时间里，带客户儿子买冰激凌，这样给客户一个人情，交易成功率反而高很多。所以陈述被中断时，只要有正确的策略，是可以补救的。

陈述中断的对策

1. 中断时间比较短，客户又十分投入的情况下。

例如：秘书进来请客户签字，很快离开，销售员可以说，"好，我们继续刚才的话题。"或者"还是按我刚才说的……"因为客户比较投入，带一句话就可以继续陈述。

2. 销售员陈述到关键时刻且是技术性问题时被中断。

例如：销售员正讲到电磁炉的工作原理，客户手机响了，接了一个四分钟的电话。销售员可以略为重复前面所讲内容，帮助客户进行前后衔接，像"刚才我说到磁场切割的问题，其实……"

3. 销售员的陈述不断被打断。

例如：如果案例中小陈不能用上面提到的方式解决问题，同时陈述又很难进展下去，即使勉强完成，也不会收到好的效果。

在这种情况下，销售员不妨就此放弃，并约定下次面谈时间。这样客户对销售员产生亏欠感觉，会积极作出时间安排，并在二次面谈中配合销售员工作，交易成功机会反而很大。

4．在中断前，销售员的陈述并不顺利。

例如：销售员由于紧张，在陈述时出了些错误，正感觉失败无疑时，中断就成了救命稻草，销售员完全可以把握机会，调整状况，重新开始陈述。

销售员在进行种种中断补救时，主要一点是拉回客户注意力，将客户一时丢失的信息进行选择性补充。当然，如果陈述很难继续，销售员不可勉强，毕竟客户的时间不是为销售员准备的。

第七章

异议处理——化解上帝的抱怨

白晶晶：掏钱？你给我一个购买的理由！

至尊宝：正在想……你给我个不买的理由先！

——改编自《大话西游》

一、异议是销售的开始

很多销售员觉得自己的产品非常好，客户看了一定欣喜若狂立刻购买，事实却并非如此。因为世界上没有一见钟情的买卖，再好的产品客户也会指出这样或那样的不足，然后才可能购买，而提出的种种不足，就是所谓的客户异议。

异议，你是谁

客户异议是指客户针对销售人员及其在销售中的各种活动所作出的一种反应，一般表现在对销售介绍和销售示范而提出的质疑、否定或不同意见与不同看法。

丁建斌是地板砖销售员，他登门拜访一个客户。

表明来意后，客户说：谢谢，我还没打算买地板砖，如果需要我会打电话给你的。

丁建斌：您的房子马上进行装修，反正要买地板砖。我带来了样品，不妨先看看再说。

客户看了样品：还不错，就是价格有点贵。

丁建斌：能不能冒昧问一下，您的房子是自己住还是出租，或其他用途？

客户：当然是自己住。

丁建斌：既然这样，别说我们的地板砖没有便宜货，即使有，您也不能用啊！相反，用我们的地板砖，却能省钱！

客户半信半疑：真的吗？

丁建斌：我算过了，根据您房屋的面积，用普通地板砖铺要600元左右，用我们的地板砖要1100元左右，上下相差500元。但是，用普通地板砖使用不到两年，就会产生裂痕，表面还会有“暴皮”现象，看起来很难看。到时，您不得不二次返工，重换质量好的地板砖，即使不算人工费用和给生活造成的损失，您还要再花1000多元买新的地板砖。与其这样浪费人力物力财力，不如一次搞定，保证十年之内不会出现质量问题。

客户仔细想了想，决定购买丁建斌的地板砖。

在上面案例中，客户对销售员陈述几处回答是：

- 没打算买。（客户先是否定）
- 价格有点贵。（然后质疑价格）
- 真的吗？（接着又表示怀疑）

这些都是客户异议的语言体现，销售员要明确，客户异议将伴随整个销售陈述过程，是客户对产品的一种抵触情绪，也是销售员不可规避的一个环节。

来，认识一下客户异议

在很多时候，客户异议不是简单的抱怨、挑剔，而是蕴含着丰富的内容。销售员要解决客户异议，首先要搞清楚异议的内涵。

客户异议的三大内涵

1．客户异议是对销售行为的必然反应。

销售员带着产品登门拜访，客户开门后露出笑脸说：太好了，这正是我所需要的东西，多少钱，我买了。每个销售员都希望自己遇到这样的客户，但事实上客户的反应会是：我不需要买什么，请不要浪费我的时间。

美国著名销售员费斯洛曾经说过：合格的销售员都是那些在怒斥中毫不退缩的人。

因为当你拿着几把锋利的剪刀，或各种厨炊走进一个农庄时，粗暴的农场主总会对你大吼：快点滚出去，不然我就用皮鞭狠狠抽你一顿！然而这又能说明什么呢？

费斯洛说，这说明我看到了第一个购买信号——拒绝，拒绝是购买的开始。

销售是从客户的拒绝开始的，这是销售行业的至理名言。因为拒绝通常是客户提出的第一个异议，而对于销售员来说，却意味着销售的开端，尽管这不够美好。

2．客户异议既是成交障碍，也是成交信号。

客户总会对产品挑三拣四，或是拿出各种各样的问题让销售员为难，“不，我很讨厌这种款式”“你们的价格太贵了，我无法接受”“看看你们的产品，没有任何效果可言”，面对这些棘手的问题，销售员觉得困难重重、客户购买希望很小，其实不然。

第一天，销售员向一名男子推销剃须刀。

男子看完后，说：这真是一把物美价廉的剃须刀！

销售员：那您就买一把吧，今天大优惠，可以送您一瓶剃须水。

男子耸耸肩膀：的确很棒，但是我不需要。

第二天，销售员又碰到该男子。

男子主动说：把昨天的剃须刀给我看看。

男子试了一下：用起来可真不舒服，而且价格这么贵！

销售员：昨天您还认为它物美价廉，难道您忘了吗？

男子道：当然没忘，可昨天我的旧剃须刀还没坏呀！

当客户一味赞美产品如何好时，很可能他心里根本就不想买；相反，客户挑三拣四满嘴抱怨，恰恰表示他在认真衡量产品优缺点，至少有购买打算。嫌货才是买货人，这点，销售员务必明确。

3．客户异议是企业信息的源泉。

客户对销售员说产品价格太高、样子太旧、功能不全等等，从售出产品的角度看，是客户在挑剔产品，但从企业生产者的角度看，却提供了产品改良的方向。

换句话说，客户异议直接向销售者提供了更有价值的信息，销售员通过对这些信息的搜集，可以很快反馈给生产者，促进产品优化发展。

有个单身汉想买一台洗衣机，销售员给他介绍了各种价位、各种款式的机器，单身汉都不满意。

因为单身汉的衣服很少，通常只有那么两套，洗一套穿一套，所以那种用水多耗电大的大体积洗衣机就不适合他。销售员针对这种情况，介绍了一款体积小的洗衣机。单身汉看看摇摇头：小是小了点，可惜没有甩干功能。

单身汉没能买到合适的洗衣机，销售员却把这个情况反馈给了企业。企业却从中看到了商机，马上组织技术人员研制出一种体积小、功能齐备、针对单身者使用的迷你洗衣机。产品打入市场后，赢得了单身一族欢迎，一时其他洗衣机企业争相模仿。

换个角度理解客户异议，有时候会发现新大陆。正是由于这个原因，很多优秀企业才特别注意对客户异议的搜集，因为企业生产的方向实际把握在客户手中。客户理想中的产品，就是企业追求的目标。海尔能洗地瓜的粗排水口洗衣机，就是根据四川农民的异议生产出来的。

二、异议的家族成员

同一种产品，在不同的时间、地点，面对不同的客户，会产生不同的异议。销售员处理异议之前，首先要识别异议，例如，是哪一类别的异议，是真异议还是假异议等等。

常见的七种客户异议

销售员在向客户介绍产品时，客户最关注的是质量、价格、服务等几个方面，由此产生的客户异议自然也跑不出这个范围。

客户的七种异议

1．需求异议。

需求异议是指客户认为产品不符合自身需要而提出的反对意见。

销售员：先生，看看我们的新式剃须刀吧。

客户说：我不需要。

产生需求异议的原因有二：

其一：客户真的不需要，可能他已经有了。

其二：客户需要，只是没决定购买。比如款式太旧，客户不喜欢。

对于第二种情况，销售员需要深层挖掘，找出客户拒绝产品的原因，然后予以解决。

2. 价格异议。

价格异议指客户认为价格过高或价格与产品价值不符提出的反对意见。在销售过程中，这是最常见的客户异议。

销售员：先生，剃须刀售价358元，现在优惠，只要300元。

客户：300元也很贵呀！能不能再便宜一点？

讨价还价是购买习惯，客户总想用更低的价格购得产品，哪怕价格本身已经很低。所以，销售员可以用产品质量、款式等打消这种价格异议。

3. 产品异议。

产品异议是客户针对产品的质量、性能、规格、品种、花色、包装等方面提出的反对意见，也叫“质量异议”。

销售员：这种品牌的剃须刀有50年历史了，可以说驰名中外。

客户：可是设计一点也不人性化，拿在手里不舒服嘛。

产品异议是众多异议中较难攻克的一种，客户一旦对产品本身提出质疑，无论价格、服务有多好，销售员也很难说服客户购买。

4. 购买时间异议。

购买时间异议是客户认为现在不是最佳购买时间或对销售人员提出的交货时间表示的反对意见。

销售员：胡须可不会等您买了剃须刀后才长，想想，现在买回家晚上就可以用了。

客户：那我明天买好了。

客户说“过几天再买”或“下次再买”之类，多数是借口，真正原因可能是价格高、不满意产品质量等等，在这种情况下，销售员要“穷追猛打”，客户说明天买，就确定明天什么时候买，用这种方式可以有效逼出客户未表达出来的原因。

如果时间异议是由于企业供货不能及时，那销售员就要诚恳解释原因，以获得客户谅解。

5. 销售员异议。

销售员异议是指客户对销售人员的行为提出的反对意见，这种意见是由销售员自己造成的。

客户：不，还是算了吧。

销售员：这样的剃须刀都不买，还想买什么样的，我看你纯属瞎溜达！

试问这般嘴脸，客户不投诉就不错了，哪还会掏钱买货。

导致销售员异议产生的情况：

- 销售员表现得很不耐烦，包括语言、行为、眼神等各方面。
- 销售员不注意销售礼仪，例如穿脏衣服拜访客户，同客户谈话时口腔有异味等。
- 销售员工作不专注，三心二意，例如一边同客户交谈一边频繁做小动作。

6．服务异议。

服务异议指客户针对购买前后一系列服务的具体方式、内容、时间等方面提出的反对意见。

销售员：不好意思，机器出现故障，裤脚没办法给您改了。

客户：怎么这样，我试了半天白忙活啦……

销售员处理此类异议时，要提高服务水平，尽量同客户进行协商，最好能采取一些补救措施，例如，给客户增加一些小赠品或作价格让步等。

7．支付能力异议。

支付能力异议指客户由于无钱购买而提出的反对意见，不过，这种意义很少直接表现，往往转换成其他异议。

相反，客户如果直接表示自己没钱时，却很可能是在掩饰需求或价格等方面的异议。

销售员：300元买个名牌剃须刀，已经很便宜了。

客户：我也觉得不贵，但是我现在没钱呀！（可能还是觉得贵）

对于真的没有支付能力的客户，销售员也要真诚对待，给对方留下好印象，也留下合作的希望；对于假装不具备支付能力的客户，要想方设法找到真正原因，然后予以攻克。

演练

目的：通过练习，让学员有效区分客户异议类别。

道具：题目一组。

1. 东西倒是很好，可惜我囊中羞涩啊！

2. 你们怎么能不送货呢，这么大的微波炉我怎么提呀？

3. 再便宜点吧，人家都给半价优惠，你们总不能一口价吧。

4. 你们怎么能在操作间打闹呢，这样卫生状况还有保证吗？

5. 抱歉，我用不着这样的工具箱。

6. 我发现你们的产品都有残缺，是不是残次品呀？

7. 下个月吧，下个月天气暖和点，我会考虑购买帐篷去野炊。

8. 这种模仿巴洛克的艺术风格，现在看来未免滑稽。

9. 你们公司的服务电话，十次有八次打不通。

10. 这种产品铅含量超标，我可不敢买！

问题：将上述十个异议分别归类。

参考答案

1. 支付能力异议；2. 服务异议；3. 价格异议；4. 销售员异议；5. 需求异议；6. 产品异议；7. 购买时间异议；8. 产品异议；9. 服务异议；10. 产品异议。

真异议和假异议的识别

真异议，是指客户不愿意购买产品的真实原因。

假异议，是指客户对销售人员所介绍的产品有需求，但不把真正的异议提出来，而以其他理由掩盖其真实想法，目的是要借此假象达成隐藏异议解决的有利环境。

一个饥肠辘辘的流浪汉来到面包店，他身上只有1元，而最便宜的面包标价2元。

流浪汉说：我只有1元，连最便宜的面包也买不起！（这是真异议）

流浪汉说：真是物美价廉的面包，可惜我刚刚吃饱！（这是掩盖无支付能力的假异议）

对于销售员来说，真异议比较容易解决，客户认为价格高，那就进行价格协商；客户觉得产品款式不好，那就推荐其他款式。见招拆招，容易排除障碍。

假异议相对就困难一些，销售员必须识破假的，并找出真的，这样才有可能说服客户购买。如此，辨别真假异议就成了一个亟待解决的问题。

用限制性提问辨别真假异议

限制性提问跟封闭式提问有异曲同工之妙，但具体又有所区别。所谓限制性提问，就是对客户回答范围作出限制的提问。

限制性提问有一个标准句式：

……是这样（客户提出一个异议）。那请问，如果我能够圆满解决您提出的问题，您会考虑我的建议（购买建议）吗？

客户：358元，挺贵的呀。（提出价格异议，但不知是真是假。）

销售员：觉得价格贵呀，那如果我能给您一个折扣，您买吗？（限制性提问辨别真假）

客户：问题也不全在价格上，您看款式这么老土，拿在手里一点也不舒服。（价格异议为假，产品异议为真。）

销售员：没关系，我们还有其他款式的，您看这个怎么样？（积极解决真异议）

客户：不错，这个我喜欢……（一个真异议消除）

限制性提问不但能分辨真异议和假异议，还能循环使用，挖掘出客户的全部异议。要知道，在销售实践中，只要还有一个异议未被消除，交易就难以达成。所以，销售员要熟练运用限制性提问，让所有异议无所遁形。

三、遭遇异议怎么办

是否成功处理异议，关系销售能否成功。对于销售员来说，成功处理异议有两个先决条件：其一，是掌握正确的处理策略；其二，是把握恰当的处理时机。

攻守全备的四大策略

客户的异议各有不同，但处理策略却都是相同的。销售员只有掌握正确的策略，才能坦然面对错综复杂的客户情况。

异议处理的四大策略

1. 欢迎客户异议。

很多销售员对客户异议都持有不端正的态度，有的害怕异议，有的回避异议，更甚者厌恶异议。前面讲过，客户异议是一个销售信号。对于销售员来说，看到异议，就等于看到一个准客户。不欢迎客户异议的销售员，是不是很愚蠢呢？

表示欢迎异议的体现：

- 态度诚恳地认同客户异议。

客户抱怨太贵。

销售员：坦白讲价格是有点高，但一分钱一分货，我想比起价格，您更在意产品的质量……

- 耐心对待客户异议。

客户抱怨太贵。

销售员：坦白讲价格是有点高，但一分钱一分货，我想比起价格，您更在意产品的质量……

客户接着抱怨产品质量也不是特别好。

销售员：我们的产品承诺一个月内无偿退换，三年内免费维修。您放心，如果质量不好，厂家也不敢提这么优厚的条件。

客户又抱怨很多维修人员不专业。

销售员：我们售后人员都是经过厂家培训，并考试合格后才上岗的。况且，针对个人三次投诉就会被辞退，相信，使用我们的产品不会出现您担心的问题。

……

2．预测客户异议。

根据一般的销售经验，以及销售员对自身产品的了解，很容易预测客户异议的种类。为了有效地处理客户异议，销售员可以根据预测提前设定解决方案，这样会减少实际销售中的障碍。

一个销售员出售一种价格昂贵的压缩狗粮，他知道客户会提出价格异议，就提前准备了一种普通狗粮。

销售员像往常一样介绍产品，客户像往常一样抱怨价格太贵。

销售员就取出两个碗，分别放上压缩狗粮和普通狗粮，注入适量的水。三分钟后，压缩狗粮胀满了碗，普通狗粮还是盖在碗底。

销售员：我的产品虽然贵，但一包当三包用，算起来反倒便宜一些。

客户算算确实便宜，掏钱购买。

销售员知道自己产品最容易在价格异议上栽跟头，就提前设计了处理异议的合适方法，有备而来，自然成功几率大大提高。

3．挖掘隐性异议。

由于各种原因，客户面对产品时会提出很多假异议或不太重要的异议，而把真异议和重要异议隐藏起来。遇到这种情况，销售员可以采用限制性提问挖出客户隐藏内容，然后进行妥善处理。具体方法，可见上节内容。

4．回避无关异议。

在众多异议中，有一类异议是需要回避的，就是那些无关紧要的异议。

例如："我没有鞋子配这么职业的服装""买这样一个新潮的东西，别人会不会笑话我"等等。

无关异议的根源非常复杂，销售员不必也不可能处理所有的无关异议，除非万不得已，销售员应当尽量避免无关异议，以提高工作效率。

把握异议处理时机

只有在正确的时间做正确的事，才会有正确的结果。同样，处理客户异议，也要把握合适的时机，这样才能事半功倍。异议处理时机有没有一个统一标准呢？没有，不同情况的异议，处理的时机并不相同。处理异议的不同时机选择有两种：

1．即时处理的异议。

即时处理就是客户提出异议后，销售员马上进行处理。大多数异议处理的最佳时机就是客户提出异议的同一时刻。这样不但能立刻消除销售障碍，还会增强客户的购买信心。

一位客户看上一套职业装，无论款式、做工还是面料，都非常满意。

销售员：您好，喜欢可以试穿。

客户：500元，也太贵了！

销售员：不贵的，现在四折销售，刚刚200元。（处理掉第一个异议）

客户：是吗？（表示欣喜，产生购买冲动）

销售员：这是今年最流行的款式，一直卖得很好。

客户：可是我不喜欢蓝色的。（第二个异议）

销售员：没关系，还有灰色、白色和黑色，您喜欢哪个颜色？

客户：拿灰色给我试试吧。（第二个异议处理完毕，决定购买）

对上述情景进行客户心理分析：

很喜欢，要是便宜一点就好了

200 元买 500 元的衣服，很值啊

这颜色我不喜欢，要是有灰色就好了

哇，正好是我喜欢的灰色

决定购买

在客户对产品心仪的前提下，销售员对客户异议的每一次及时处理，都让客户向理想目标迈进一步，购买冲动也步步增强，交易自然水到渠成。

2. 推迟处理的异议。

有些异议，在特定情况下不适合立刻处理，相反，需要销售员拖延时间，以待最佳时机。

化妆品销售员对经过的一位女士打招呼。

女士：你们的产品很贵，我从来不用。（提出价格异议）

销售员：不买也没有关系，您可以免费体验一下。（推迟处理异议）

在销售员的劝说下，女士同意体验。销售员为女士做皮肤测验，女士从电脑仪器上清楚看到脸部粗大的毛孔以及隐藏在里面的污垢。

女士：天哪，怎么这么脏！我每天都认真洗脸啊！

销售员：用普通洗面奶很难彻底清理毛孔污垢，日积月累就会出现这样的结果。

销售员拿出一款洗面奶清洗女士左脸，完毕后用仪器进行测试对比，左脸明显比右脸干净许多。

销售员：您看，对比很明显。如果坚持使用一个月，您的脸就会变得光滑细致。

女士：我还是再考虑一下吧。（产生购买冲动，但价格异议起了阻碍作用）

销售员：这样吧，您第一次用我们的产品，给您八五折优惠，算是交个朋友。（把握时机，处理价格异议）

女士：……那我就用一下试试吧。（还是有点贵，但确实很想买，衡量后决定购买）

如果销售员立刻亮出八五折底牌，客户心理：

产品贵

产品仍旧贵

拒绝购买

销售员在客户体验后亮出八五折底牌，客户心理：

产品贵

效果确实很好，自己确实很需要

还有八五折的优惠

虽然稍贵，但确实需要，买了吧

通过比较可以看出，销售员如果立刻处理客户价格异议，反而将客户赶走。这种拖延异议把握时机的方法，尤其适用于那些购买欲望不强的客户。因为这类客户首先会提出最棘手的问题交给销售员解决，销售员无法使其满意时，也就成功脱身了。如果销售员先以产品卖点打动客户，再处理那个棘手异议，就会容易许多。

四、将异议处理进行到底

虽然说“无招胜有招”是最高境界，但对于初入行的新手来说，学习必要的套路还是很有用处的。故此，在异议处理问题上，要掌握处理的四个步骤和一般处理方法。

处理异议的基本套路

客户：这冰箱价格太贵，××牌的便宜多了。

销售员点头，让客户继续发表反对意见（A）。

客户：买你们的要多花500多元，我都能再买个迷你冰箱了。

销售员：您主要是认为价格难以接受，是吗（B）？如果是我，我也会觉得贵了那么一点（C），但是我们的冰箱质量很好……（D）。

异议的处理没有固定格式，但有个基本套路可供参考，上面销售员运用的就是异议处理的经典步骤。

异议处理的四个步骤

1. 倾听反对意见——案例中A部分。

许多销售员在同客户洽谈时，总有“快枪手”的倾向，客户刚开口，销售员就抢着解答，实际上，他根本没有弄清楚客户的反对意见是什么。

相反，如果销售员能带着浓厚兴趣听客户完整说出异议，这不仅使处理更有针对性，还能留下重视客户意见的好印象。

2. 复述客户提出的问题——案例中 B 部分。

复述客户异议的目的有两个，其一，是确定客户异议，避免因表达或理解错误带来的处理麻烦；其二，为处理异议争取时间，避免匆忙作答出现失误。

3. 对客户表示理解——案例中 C 部分。

销售员对客户异议表示理解，而不是赞同。销售者应该在理解客户购买忧虑的同时，打消客户忧虑。这个时候，销售员要让自己站在客户的立场上，努力营造出善解人意的形象。

最常用表示理解的句式是：我非常理解您的想法，其实很多客户都跟您有一样的观点，但是一旦使用了我们的产品，他们就会发现……

4. 回应客户的问题——案例中 D 部分。

回应客户即开始处理异议，具体处理方法，将在下面详细介绍。

处理异议的常用方法

尽管客户异议会阻碍销售顺利进行，但只要掌握正确的方法，打消客户疑虑，就可以快速达成交易。一般来说，处理异议有以下五种常用方法：

1. 反驳处理法。

反驳处理是指销售员根据有关事实和理由来直接否定客户异议的处理方法。

客户：听说你们的产品返修率很高。

销售员：怎么会？我们的冰箱在众多国际品牌的抽查中，是拿“优秀”最多的。而且，我们的冰箱今年刚获得了消费者质量大奖第一名。

客户：你们企业的服务不行，态度也不是很好。

销售员：这更不可能了，我们在全国有 42 个工贸公司、325 个专修部、1475 个服务网点、3420 个星级服务人员专门从事冰箱的服务……

反驳处理法的主要优点是，可以有效增强销售说服力，并节省时间，加快销售进程。但如果分寸把握不好，容易激化矛盾。所以销售员在具体操作时，要注意四个问题：

- 始终保持温和友好的态度。
- 反驳必须有理有据，让对方心服口服。
- 以向客户提供更多产品信息为原则。
- 碰到无关异议或敏感性异议时，此法不适宜。

虽然这种方法有一些弊端，但在两种情况下，销售员必须直接反驳以纠正客户的错误观点：

其一，客户引用不正确资料的时候；

其二，客户对企业的诚信、服务有所怀疑的时候。

2．“太极”处理法。

“太极”处理法，顾名思义就是利用客户异议本身来处理有关客户异议的一种方法，也叫利用处理法。

客户：你们的冰箱设计过于前卫，不太搭配我们家的环境。

销售员：正因为设计前卫您才要购买呀，否则过几天您把房子一装修，摆个老土的冰箱岂非不搭调。

利用太极法的要点是，当客户提出某些不购买的异议时，销售员能立刻回复说：这正是您要购买的理由！所以要求销售员能立即将客户的反对意见，直接转换成为什么他必须购买的理由。

使用太极法处理异议，销售员要注意三个问题：

- 认同，并赞美客户异议。
- 针对并利用客户异议。
- 利用并能迅速转化客户异议。

3．补偿处理法。

补偿处理法，就是用产品优点来补偿自身缺点的一种异议处理方法。要知道，在这个世界上，完美的东西是不存在的。任何一种产品都有它的优点和缺点，而且这对立的两方面通常互相关联。例如，产品用了最好的材料，品质一流，结果导致价格过高。

当客户针对产品缺点提出异议时，直接否定客户观点显然不明智，聪明的办法是在认同产品缺点的同时举出产品的优点，及时进行“补偿”。

客户：你们的冰箱价格太高了，××品牌的才××钱。

销售员：与市场同类产品比较，我们的冰箱价格的确高了一点。但是一分钱一分货，我们的冰箱有液晶显示，人工智能控温，而且有外取冷饮和速冻功能，这些都是其他冰箱所不具备的……

客户：但你们的冰箱看起来太大了，有点夸张。

销售员：大是大了那么一点，但是它功能齐全啊，不但有四种温区，还内设了自动制冰、碎冰和冷水系统，这样，您想要冰块、刨冰、冷饮都没有问题，多方便啊！

销售员运用补偿处理法，最重要的是让客户产生产品优点对自己更重要的感觉，相比之下，缺点倒可以忽略或容忍。这种方法在使用时，还要注意三个问题：

- 首先要认同客户异议。
- 认真分析有关客户异议及其根源，确定客户异议的性质。
- 及时提示产品优点，有效补偿并抵消客户异议。

4．合并意见处理法。

合并意见是指将客户的集中异议汇总成一个意见，或者把客户的反对意见集中在一个时间讨论，目的是削弱反对意见对客户所产生的影响。

客户：我再考虑一下吧。

销售员：您对这款冰箱的价格和体积不太满意是吧，其实价格高是因为冰箱品质好，体积大是因为功能齐全。您看我们的冰箱液晶显示，智能控温，不但有四个温区，还内设了自动制冰……

这种方法的优点是可以把客户反对意见一次性排除，并可选择性地强调产品优越之处。在实际操作中需要注意的是：

- 不要在一个异议上纠缠不清，以免由一个意见派生出 N 个意见。
- 快速复述客户所有意见，并立刻转换话题，将客户注意力吸引到产品优势上去。
- 合并处理时要避免长篇罗列，以免客户失去兴趣。

5．回避处理法。

回避处理法是指销售员根据有关事实和理由来间接否定客户异议的一种处

理方法，因为通常用“是的……如果”句式，所以又叫“是的……如果”法。

客户：这冰箱体积大了点，有点夸张。

销售员：是的，在我看来也比较大。如果设计得更小一些，我想那些内设系统就只能放弃，这样一来，您想吃刨冰，就得买冰盒，还要买个刨冰机，是不是很麻烦呢？

回避处理法能够保持销售员和客户间良好的洽谈氛围，既不会引起客户反感，还能有效排除客户异议。在具体操作时，销售员应当注意：

- 提出“如果”假设时，要真正站在客户立场考虑问题。
- 尽量做到语气委婉，转折自然。
- 当遇到无关异议和敏感性异议时，此法不适宜使用。

目的：让学员熟练掌握五种异议处理方法。

道具：资料一份。

一款迷你洗衣机，体积小，价格低，省电省水，功能齐全，可以甩干，但只能清洗小件或少量衣物。

客户看后，提出第一个异议：“看起来，这洗衣机顶多能洗一套衣服。”又提出第二个异议：“价格也比其他品牌贵一些。”

问题：

1. 请学员以销售员身份，分别用五种方法处理第一个异议。
2. 用合并处理法时，则一并处理第一和第二两个异议。

五、异议不可承受之轻

销售员在排除异议时，可能会反驳客户意见，这时要特别注意给客户留足面子，否则就会导致异议恶化，而这些则被称为异议处理中的不可承受之轻。

处理异议要给客户留面子

“花钱是小，面子是大”，人们为了维护面子，往往不惜付出巨大代价，所以才有“打肿脸充胖子”的说法。

爱面子并没有错，何况客户是销售员的衣食来源，更应该给客户留足面子，尤其是在处理异议的时候。

客户：你们的冰箱太贵了，人家××牌的才××钱。

销售员：没错，谁都知道××牌便宜，但便宜无好货。

客户：不是呀，我的一个朋友用了十年了，都没问题。（引证错误）

销售员：十年？您开玩笑吧，据我所知那个品牌刚生产不到三年。（抓住客户错误直接反驳，没注意客户感受）

客户：难道是我在编瞎话不成？（客户不高兴）

销售员：这我就不清楚了，反正我们冰箱的质量在国内是一流的。（非但不作些缓和，还据理力争）

客户：你说清楚，你什么意思？（客户为了保全面子，准备鱼死网破）

销售员：没什么意思，买不起贵的，反正有便宜货。（销售员又雪上加霜）

客户：你这是什么态度，我要投诉你！（客户动用上帝特权）

……

上述案例中，交易不但没有成功，销售员还要受到客户投诉，简直是“赔了夫人又折兵”。而导致这样一种结局的原因就是销售员没给客户留面子。否则，将是另一番情形：

客户：你们的冰箱太贵了，人家××牌的才××钱。

销售员：没错，谁都知道××牌便宜，但便宜无好货。

客户：不是呀，我的一个朋友用了十年了，都没问题。（引证错误）

销售员：您朋友用的冰箱大概不是××品牌，如果我没记错的话，这是近几年出的新品牌……（即使直接反驳，也要语气缓和，让客户自己意识到错误，面子得以保全）

或者：如果用我们的冰箱，二十年也不会有问题。因为我们的冰箱在质量……（××冰箱用多少年是个无关异议，直接回避，不但不会损伤客户面子，还把话题拉回自己产品）

销售员委婉指出客户错误，客户会心存感激，交易成功的可能性比较大。即使忽略这个无关异议，也无损交易继续进行。所以在销售异议处理过程中给客户面子，是尊重客户的一种表现。而客户有了面子，在心理上也更容易接受产品。

给客户留面子需要注意：

- 重视客户异议，使客户觉得有面子。
- 首先认同客户异议，留够面子的前提下，再提出反对意见。
- 不要语气生硬地对客户说“我是对的，你错了”“连这个都不懂”之类的话，因为即使客户明知自己的理由站不住脚，也会为了保全颜面而拒绝改变立场。
- 不能明显抬高自己，贬低客户，挫伤客户自尊心。

演练

下面这个销售员没有处理好客户异议，请以销售员身份，将认为不恰当的地方进行修正。

客户在看一只名牌手表，价格昂贵，这个客户很喜欢，他可以买，只是觉得价格贵。

客户：这表看起来不错。

销售员：您很有眼光，这是××品牌新推出的款式，在中国限量销售。

客户：价格有点贵。

销售员：名表哪有不贵的呀？戴这种表就是为了显示身份。

客户：我可不这么看，买的是品质，可不是牌子。

销售员：这个牌子就是这个价码，你可以看看别的，那边的便宜。

客户：怎么？你以为我买不起！

销售员：难道你买了吗？

客户：你这是什么态度，不可理喻！

当异议恶化的时候

每个销售员都希望能顺利排除异议，但有时难免出现差错，经过努力异议不但没有解决，还进一步恶化，那该怎么应对呢？

异议恶化的两个方向

1．异议转化为抗拒。

销售员无意间得罪了客户，或者在开始接触时给客户留下了很差的印象，客户都会对销售产品产生抗拒。

三毛曾经有过这样一个经历。

有个老太婆卖给三毛一盆植物，几天就死掉了，拔出来一看，原来没有根，三毛非常生气。第二次，老太婆又来推销，尽管三毛拿出无根植物，老太婆还是凭借三寸不烂之舌说服三毛再次购买了一盆植物，而这盆仍旧是没有根。

第三次，老太婆再来，三毛就反锁上门，假装没在家。老太婆敲了半天门没应声，就走了。三毛出来发现，老太婆在窗台上留下一小盆夹竹桃，而且这盆夹竹桃活了很长时间，并开了漂亮的小花。

第四次老太婆又来了，因为夹竹桃的原因三毛对她产生好感，于是再次买了一盆植物，而这盆又是没根的。

老太婆很不厚道，但是她很聪明。她知道自己得罪了客户，而且客户对她印象恶劣，就用点小恩惠（一盆夹竹桃）来挽回损失，以便继续向客户卖出产品。

这种做法虽不好，但道理可用。异议一旦转化为抗议，销售员正面已经很难处理，可以暂且放一放，寻找机会适当献些“殷勤”，客户也都是通情达理的人，不会揪住“小辫子”不放，这样也就万事大吉了。

2. 异议转化为僵持不下。

异议导致僵持不下，有两方面的原因：其一，可能是销售员的说服力度不够；其二，客户可能有什么隐衷。

如果是第一种情况，销售员要找出自己说服效果欠佳的原因，下次改进；如果是后一种情况，销售员就要想办法挖出这个隐衷。

小张经过谈判，终于同客户确定了所有合作细节，客户各个方面都表示满意，就是价格总谈不下来。

客户方要求价格再降一降，可是价格已经是市场底线，客户也明确这点。价格解决不了，合作就僵持不下。

小张没办法，只好托人探客户口风，原来是竞争对手许诺了更高的回扣。天下大白，小张马上处理回扣问题，合同很快也就签了。

像回扣这样的灰色问题，客户自然不好明讲，但吃不到肥肉又不甘心。作为销售员就要特别留意这些问题，以免妨碍交易成功。

第八章

促成交易——敲下你的成交锤

销售不是一种遇见，
可以准备，可以期待，
在对的时候，用了对的方法，
便成就了一次合作。

——改编自《天若有情》

一、看准时机再收网

最好的渔夫是懂得何时收网的渔夫，同样，最好的销售员也是懂得把握促成交易时机的销售员。机会的把握需要注意几点，其中最重要的是对购买信号的识别。

成交，机不可失

当客户对产品认同的时候，也就是产生购买意愿的时候，即为成交的良好时机。好的销售员要抓住这些宝贵的机会，趁热打铁，直到同客户达成协议。

最佳成交机会

1．向客户介绍了产品的一个重大利益时。

有个大型装饰画销售员来到一家私人医院，院长是远近闻名的医生，而医院里的主治医师大多是他早年的学生。

销售员了解到这个情况后，就向老院长推荐了一幅《蒂尔普医生的解剖课》：“虽然这是件复制品，但是画的主题跟您的工作非常接近，您看，那医生就好比是您，而围在周围的人就是您的学生，也就是医院里那些顶呱呱的主治医师。瞧瞧，这位17世界最伟大画家的作品似乎是专门为您所画，这样跨越时空的切合，您不认为是个小小的奇迹吗！”

销售员向客户介绍产品最大利益点，也是产品最吸引客户的地方时，客户比较容易产生购买冲动，无疑这是个好的成交机会。

2. 圆满排除一个客户异议时。

如果最大利益不能使客户下决心购买，那肯定是产品的某一方面还不尽如人意。销售员必须解决这个阻碍性异议，然后才能继续交易。

院长对这幅画的确非常着迷，“但是，这毕竟不是伦勃朗先生画出来的，您应该给我更合适的价钱。”院长说。

销售员：“的确，它比一般的复制品价格要高很多。但是，这并不是普通的复制品，是‘科尔’兄弟工作室的杰作，您在这挂上几年后，拿到拍卖行拍卖，我敢保证您能得到如今付出的5倍。”

排除了客户最大的异议，也就意味着对产品基本满意，此时提出成交，成功率通常会高得多。

3. 客户出现购买信号时。

院长：“的确，现在人们对科尔兄弟的画非常追捧，仿佛忘记了他们在复制别人的作品。”

院长又仔细看了一下销售员电脑中的样画，问道：“你能保证是科尔兄弟的作品吗？”

销售员：“当然，画后面有作者的亲笔签名，万无一失。”

客户的购买信号，就像马路上的绿色信号灯一样，一旦亮起，就表示销售员可以畅行无阻了。院长查看产品样图，确定画作的作者，都是一种购买信号，同时也是销售员提出成交的信号。

识别客户的“绿色信号灯”

客户的“绿色信号灯”并不像马路上的指示灯那么明显，但总会有蛛丝马迹。一般来说，客户购买信号要通过语言、行为、表情表露购买意图。无论是有意表露的，还是无意表露的，销售员都要及时发现。

信号灯的三种形式

1. 语言信号。

一般情况下，如果客户有购买意向，会通过语言表达出来。但是很少有客户直接说，我要多少多少货，而是通过一些迂回的语言表达购买欲望。

小张是除草机销售员，到××大学销售公司的新机器。大学办公室主任看完产品后，觉得比较满意，就说："留下来用几天吧。"

这个要求超出了小张的权限范围，再说用几天是多长时间，用着不好又不买的话，怎么办？小张想到这些，非常为难地拒绝了主任："很抱歉，我们公司还没有这个先例。"

主任听了，笑了笑说，"是吗，那我们也没有不试用就购买的先例呀！"

在上述案例中，客户说"留下来用几天"是个非常明显的成交信号，但是销售员没有辨别出来，硬是把送到嘴边的肉给吐了出去，这样是不是很可惜呢？

要避免上述情况发生，销售员就必须听出客户的"弦外之音"，一般语言信号有：

- 客户询问什么时间交货、交货的手续、交货的方式。
- 客户询问付款的时间、方式，是否可以用支票等。
- 客户询问市场上对产品的评价。
- 客户尽量详细地确定产品价格。
- 客户要求试用产品。

……

2. 行为信号。

行为一向是表达个人意愿的重要途径，如果客户喜欢上了产品并打算购买，一定在行为上有所表示。

小张不知道主任已经有了购买的打算，只想怎么让对方试用的问题。

小张："要不，我向公司请示一下，但是，如果试用没问题，是不是就购买呢？”

主任：“算了，请示我知道，天下最麻烦的事情！”说着，主任直接让园艺师傅推着除草机修起了草坪。

小张这时还傻乎乎地以为主任要强行留下试用，急忙追了上去。

销售员如果一根筋的话，就很容易对购买信号视而不见。主任在知道不能留下试用的前提下，让园艺师傅使用机器，这是明显的行为信号。在通常情况下，客户的行为信号可没有这么大张旗鼓。

通常行为信号表现为：

- 客户频频点头。
- 客户用手触及订货单。
- 客户再次查看样品以及相关产品资料。
- 客户身体前倾，或更加靠近销售员。

……

这一些动作，透露出客户“基本接受”的态度，表明客户在潜意识中已经接受了这种产品。这时，销售员最好做些进一步的建议，比如让客户亲自体验一下产品，这样能更快促成交易。

3．表情信号。

销售员在与客户洽谈时，经常从对方脸上发现一些富有寓意性的表情，比如眼睛注视、眼神专注等等，这些都来自客户的心理感受，是成交的表情信号。

表情信号一般表现为：

- 神色变得活跃。
- 眼睛转动加快，好像在快速决策什么问题。
- 嘴唇紧闭，似乎在品味什么东西。
- 态度明显变得友好。
- 礼貌的微笑，变为发自内心的自然而然的微笑。
- 眉头舒展，视线集中在销售员或产品上面。

……

细微的表情变化，更能准确体现内心的变化，正所谓“窥一斑而知全豹”。不过，这种“管中窥豹可见一斑”的本领需要大量的实战经验作为支持，对于一个新手来说，还是把注意力放在语言信号和身体信号上，尤其是前者。

演练

请分辨下面情景是否是购买信号，如果是，说明是哪种购买信号。

1. 客户：我对你们的服务特别满意，这是其他供应商所无法提供的。
2. 销售员在进行关键利益的陈述时，客户决策者彼此交换了一下眼神。
3. 客户：产品还不赖，但价格有些贵。
4. 能不能把样品拿来看看呢，我很想亲自试一下。
5. 客户在听完销售陈述时，不断点头，并仔细在笔记上记录什么。
6. 客户东张西望，时不时看表、喝水。
7. 客户“躺”在椅子里，面无表情。

参考答案

1 是语言信号；2 是表情信号；4 是行为信号；5 是行为信号；3、6、7 为非购买信号。

二、交易就是这么促成的

对于销售员来说，得到订单才是最后的成功，但是这最后一步往往也是令很多人头疼的地方。要解决这个问题，就要掌握诱导客户快速成交的方法。

省时省力的直接成交法

直接成交法，就是销售员得到客户的购买信号后，用简单、明了的语言，直截了当地向客户提出成交要求。

直接成交在实际销售工作中应用广泛，且能给客户坦诚以待、做事干净利落的感觉。但这种方法不是见了客户就要求对方购买，直接成交的前提是销售员之前做了大量成功的铺垫，各方面条件成熟，尤其是客户发出购买信号的情况下。

以下是六个直接成交陈述场景：

1. 客户：上个月销量不错，大概卖出了30台，平均一天一台。

销售员：那就再定30台吧，正好够卖一个月，如果卖完了随时打电话，我们立即补充。

2. 客户：我对你们的服务一向担心，上次的事若不是运气好，你们的产品真要砸掉我的品牌了。

销售员：那只是个别情况，您何必多虑，先签了合同再说吧。

3. 客户：应该没什么问题了，价格也算公道。

销售员：要是这样的话，我们就签合同吧。

4. 客户：库存还有两台，昨天有个老主顾说这几天要来拿 5 台。

销售员：那您打算购进多少货，30 台差不多吧，下午就可以把货送来。

5. 客户：××公司答应每台再让 20 元，你们的价格是不是高了点？

销售员：××公司的货再便宜也不好卖呀，我们公司贵一点，大家认这个牌子，怎么样，再来 30 台吧。

6. 客户：你们的产品市场反应不错，有点出乎意料。

销售员：那您不妨多进点货，30 台可以吧！

在以上六种情景中，销售员均采用了直接成交法，但是第 2 和第 5 种情景，销售员没有注意到客户提出的异议，一厢情愿提出交易，结果只能失败；而其余四种情景中，客户都有语言购买信号，销售员顺水推舟，交易自然成功。

直接成交法不适合客户存在异议的时候，一般适用情况是：

- 客户购买欲望非常强烈，并发出购买信号。
- 客户是老主顾，并且关系一向非常好。

巧用选择达成交易法

选择成交法，指销售员直接向客户提供一些购买决策选择方案，并且要求客户立即购买产品的一种成交方法。

有个销售员到餐厅吃饭。

服务员过来点餐时，销售员正在看一篇球赛报道，头也没抬就说：一份黑椒牛排。

服务员：鸡蛋要单面还是双面？

销售员本能地说：单面。

不一会套餐来了，销售员看到牛排旁边的鸡蛋，想：我从来不吃鸡蛋的呀？

从来不吃鸡蛋的销售员为什么会点鸡蛋，原因就是服务员那句“鸡蛋要单面还是双面”，这句话的前提就是要鸡蛋，在要的先决条件下选择单面还是双面。服务员这句聪明的问话，就是典型的选择成交法。

选择成交能更快地帮助销售进入主题，并有效减轻客户成交心理压力，所以被广泛采用。在 TCL 公司就有一条规定，当人们走过家电展区时，销售员不能对客户说“您买电视吗?”或者“您买 27 寸电视吗?”而是直接询问“您买 27 寸的还是 30 寸的?”

使用选择法的注意事项：

- 针对客户的购买动机和购买意向，先假定成交，后选择成交。
- 看准成交信号，向客户提供成交选择方案。
- 主动当好客户的购买参谋，帮助客户作出正确的成交选择。
- 不要提出两个以上的选择。

先试后买的小狗成交法

宠物小狗价格昂贵，尽管人们很喜欢，但总是看多买少。

销售员针对这个情况，就想了一个办法。他让那些喜欢狗又犹豫不决的买主无偿将小狗带回家，在一周的时间内，小狗会和新主人淘气，咬新主人的拖鞋，追着新主人到处傻跑……新主人渐渐喜欢上这个四条腿的伙伴，并觉得生活比以前更有乐趣。

这时，销售员打电话给这位新主人，要求把小狗带回去，有人要买，但新主人已经不能没有小狗了，于是这个交易就成功了。

可见，小狗成交法就是先试用后购买的交易方式。这种方法的优点是让客户在实际购买之前，先享受到产品带来的好处，进而依赖这些好处。接下来，销售员只管登门收钱就可以了。

有个销售员，销售一种促进睡眠的枕头。

客户听了价格后，立刻摇头说：我没有钱购买这样昂贵的奢侈品。

销售员：当然，很多人都这样对我说。不过，您不用付我一分钱，今天晚上就可以枕着入睡，明晚、后晚，直到下周我再来到这里，您都可以免费享受，到时只需要告诉我您的感觉就可以了。

销售员走后，客户每天枕着睡眠枕头入睡，他发现入睡速度确实快了，也不再有那么多讨厌的梦，而且每天精神都很好。

第二周，销售员来收枕头，客户说：的确提高了我的睡眠质量，但我仍旧不能购买这样的奢侈品，这违反了我一贯坚持的节俭原则。

销售员向客户道谢后，就离开了。

过了两天，那位客户打来电话：哦，麻烦你再把那个枕头送来吧。

销售员好奇地问：怎么了？

客户说他失眠了。

这个客户原来没有睡眠枕头，一样可以高枕无忧，现在没有睡眠枕头却无法入睡。因为，睡眠枕头确实可以改善睡眠，通过体验客户对此深信不疑。当他失去枕头的时候，心理因素起了阻碍睡眠的作用，故此难以入睡。这样，销售员的交易就成功了。

一般来说，小狗成交法特别适合那些日常消费品，像某个品牌的化妆品，卖给客户洗面奶或面膜时，总要赠送一点眼霜。客户用过，感觉很好，一旦停用，发现眼角立刻出现了明显皱纹，结果不得不一直购买昂贵的眼霜。

小狗成交法确实有利于提升业绩，但要注意使用的两个前提：

- 客户值得信赖，尤其是出售大宗产品的时候。
- 产品利益短期内可以体现，并且确实可以给客户带来好处。

三、跟客户玩点“花样”

直接法、选择法、小狗法都是常用的促成交易方法，除此之外，一些小的技巧小的花样，也可以帮助销售员有效提升业绩。

退一小步也能海阔天空

通过洽谈争取更多利益，会给客户带来一定成就感，所以，销售员在促成交易时，不妨作出一些小的让步，使客户有获胜的感觉，这样不但可以制造良好的成交气氛，还能给客户留下比较好的印象，有利于长久关系的维持。

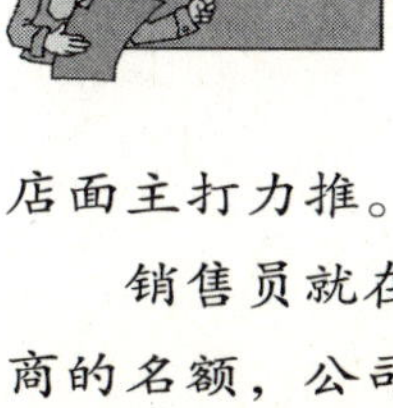

A品牌笔记本销售员同销售商洽谈下个季度的合作合同。

销售商虽然订货不算少，但比起店面其他品牌的铺货量，还差很多。显然，这个销售商并不打算把A品牌作为店面主打力推。

销售员就在谈完所有细节后，对销售商说：王总，我手头有几个A级销售商的名额，公司呢，会有一些政策性倾向，比如新品上市可以代销，各种特价限量机优先铺货，还可以根据年终销售量做大份额利润反馈等等。按说您的购货量还达不到A级销售商的标准，不过，咱们合作这么长时间了，我觉得还有潜力可挖，您说是不是？

销售商听了有这么多好处，连忙问：我最近听说你们有一款A－Z510的机器报价5980元，已经有好几个买主来打听了，但问你们，又说没货。

销售员：现在您是A级销售商，公司也不敢得罪的大客户，当然有货！

销售商：你不早说，那个合同呢，我们再改一下，别光占着A级的名声，没有A级的实力！

结果，销售商立马把订货量提高了1倍，成了真正的A级销售商。对于销售员来说，不但没有任何损失，还成功地将一个小客户发展成长期合作的大客户，这一步退得真是价值千金。

让步的注意事项：

- 退一小步，目的是为了进一大步。
- 退步要有限度，不可一退再退，就失去了让步的意义。
- 退步的原则是让客户既感到让步的好处，又不损害自身利益。

如果销售员不能把握分寸，客户会把退让看成是谈判的继续，甚至会认为销售员在节节败退。所以销售员尽量把让步表现成为表达友谊额外赠送的好处，而这种好处，最好不是价格上的，比如某些特定服务。

帮客户权衡利弊

在即将成交阶段，客户会对产品购买利弊作多次仔细的衡量。但由于受一些外来或内在因素的影响，衡量结果往往不利于销售成功。因此，销售员应主动介入客户权衡利弊的过程，以促进交易成功。

宠物店里，有位女士几天前看中一只柯尼斯卷毛猫，过了几天又来，发现柯尼斯卷毛猫不见了，笼子里只有一只令人讨厌的波斯猫。

女士同销售员表达了自己的失望，并闲聊了几句。

销售员就说：如果您想找个玩伴的话，不妨买只小狗。

女士：狗太凶猛了，没有安全感。

销售员：这样认为就错了。养宠物的人都知道，猫生性比较懒惰，嘴巴挑不说，忠诚度也差，你想逗它，它还懒得搭理你呢，惹急了还用爪子抓人，很不安全。哪天在外面吃了好的，说话间就不跟你了。狗就完全不同，就拿这种大麦町犬来说吧，虽然价格比猫贵一点，但性情温顺，天资聪明，养上一周，它就对你忠心耿耿。你下班走到楼梯口，它就知道是主人回来啦，一开门，就摇着尾巴欢迎你。况且这种狗在国内比较少，牵着它在街上溜，你也会有自豪感。要是有人胆敢对你不敬，它会立刻变成勇士挺身而出，怎么会不安全呢！

女士：听你这一说，也是。那这只狗多少钱啊……

通过衡量利弊，客户认识到猫的不良和狗的好处，转而对狗产生兴趣。帮客户衡量利弊的好处是可以站在第三者的角度总体分析客户利益得失，能让客户意识到自己没有注意的问题，从而达到销售目的。

权衡利弊需要注意：

- 权衡利弊要站在客户的角度。
- 将客户购买或不购买的理由、利益得失等一一列举，供客户参考，当客户作出反应时，再将产品的实际效益加以总结。
- 购买利弊都要讲，但要注重技巧，例如用一利来弥补一弊。

留一招杀手锏

杀到销售促成这一步，产品所有的好处在销售陈述、异议处理中都讲完了，如果客户仍然不能决定购买，销售员无料可爆，只能再炒冷饭，效果肯定不好。

有的销售员就比较聪明，他们给自己留一招杀手锏，只有在最后关头才拿出来。这就像大侠比武时最后亮出的绝招一样，常常起到一击制敌的效果。

××剧院推出了VIP年卡，拥有者一年内只要该剧院有演出，凭此卡就可以观看，并享有提前订座的服务。

销售员向客户陈述完毕后，客户也比较感兴趣，看样子想买，但就是不能下定决心。

客户最后对销售员说：我个人对戏剧很感兴趣，问题是我常常没时间，一个月也就是三四天没有饭局，你说，买张这么贵的贵宾卡是不是有点浪费。

销售员：您说得不无道理，与其买张卡不如有时间想看了随时买张票。哎，最近要上演的《倾城之恋》，张先生有没有时间去看呀？

客户：我倒想去，可现在想买也买不到票啊！

销售员：是啊，我也听说半个月前票就卖完了。您想想如果有了这张VIP，就不会出现这种情况了。还是2006年影帝领衔主演，看不成多可惜。

客户：不能这么说，几年才有这样一部戏呀！再说，我现在买卡，也不能去看《倾城之恋》啊！

销售员：您现在买还真能看成《倾城之恋》，我可以赠一张票，座次还可以，但是普通票。

客户：真的？普通票也可以，这可是机不可失时不再来的演出，你不是忽悠我吧，我托了好多朋友都没弄到……

这个客户差点就从销售员手里溜走了，但幸好销售员还有一招，帮助他在最后时刻一举将客户拿下。

留杀手锏也就是留下成交余地，可以把一个适当的销售要点留在最后，前面的不成功，没关系，我们在后面还有兵力部署，不至于失去最后的成交机会。这样做的好处是避免了销售员在洽谈中毫无保留、和盘托出、销售卖点暴露无遗的情况，让销售员自始至终都处于主动地位。

杀手锏的使用说明：

- 销售员既要及时提示销售重点，又要充分留有成交余地。
- 价格和产品利益的卖点在前期吸引客户，服务性优势可留作杀手锏。
- 要注意时机，确定是最后关头方可使用，否则不但无法促成最后成交，反而浪费了这个秘密武器。
- 要保证杀手锏的杀伤性，如果没有卖点，客户也不会买账。

四、那些挡在成交前面的栅栏

有时候，新手面对一些购买欲望比较强的客户，也会发生丢单情况，因为新手在某种程度上对成交怀有畏惧，导致客户失去信心。或者，在促成时不注意犯了一些低级错误，而这些都是挡在成交前的栅栏。

有一道栅栏叫做促成恐惧症

销售新手辛辛苦苦，为的就是促成交易，可交易眼看就要达成，销售员反而成了怀疑主义者，头脑中突然冒出许多荒诞想法，这些想法就是促成恐惧症的体现。

销售新手梁小伟是××品牌保健品的销售员，第一次在小区内定点宣传时，来了位老先生，对他们的安神补脑口服液很感兴趣，经过小梁一番介绍，老先生当即花300多元，购买了三盒。

小梁很兴奋，当天晚上请大家吃饭。其中一个同事无意间提到口服液的成本还不到20元，小梁听了大吃一惊，回去后左思右想：老先生现在没有什么收入，还花300多元买了只值60多元的东西，觉得自己骗了人家的血汗钱。

第二天，那位老先生又来到小梁的销售点，还带来了几个朋友，围着小梁询问口服液的情况，看起来都想买几盒。小梁这时却越发愧疚，支吾了半天，竟然说“今天不卖了！”

回到公司，小梁就辞掉了这份工作。

当局者迷旁观者清，现在看小梁的做法很愚蠢，但在他的心中，却把这上升到良知问题来对待。其实，这没有什么大不了的，产品价值不能以成本来计算。凡·高的一幅画能卖几百万美元，难道也要算算他一块画布和一点颜料的可笑成本吗？

尽管如此，很多销售新手的大脑里还是不断冒出“新奇”的想法，比较有代表性的是：

- 担心为了自己利益而欺骗客户。
- 感觉竞争对手的产品更适合客户。
- 觉得产品有很多缺陷，客户日后发现没法交代。

消除恐惧症的方法

消除恐惧症就要消灭销售员头脑中那些荒诞的想法，上述第一种想法，销售员明显站错了队；第二种和第三种想法，有站错队的成分，但最重要的是对产品缺乏信心。对这两种情形，具体应对如下：

1．销售员要明确自己的立场。

不管是销售新手还是销售老手，都要明白自己在为谁工作，要把自己的着眼点放在公司利益上，公司利益是销售员利益的前提，没有公司，也就不存在什么销售。

另外，销售员尤其是新手，不要突然“良心发现”站到客户一边，要知道，客户可不会跟你站在一条线上。况且客户都是精明的，即使被所谓的“骗”，也是因为有更大的好处补偿。

2．销售员要对产品充满信心。

有的销售员常常“长他人志气灭自己威风”，看看竞争对手的产品千好万好，再看自己的产品这也不是那也不是，同客户达成交易，就觉得客户做了错误选择，甚至暗地里对客户产生轻视态度。

这种想法非常可笑，原因是：

- 销售员错误地拿对手产品长处比自己产品短处，结果当然不公允。
- 客户不是傻瓜，竞争对手产品真那么好，怎么弃之不用！
- 客户选择一种产品，必然是因为有需求，否则就算是完美无缺，也不会花钱购买。

如果销售员对产品有信心，就不会产生这种错位观念。要知道，任何产品都有自身的优点和缺点，客户选择是经过利弊权衡的，至于那些缺点，当然是瑕不掩瑜。

别被不起眼的小栅栏绊倒

蚂蚁可以搬倒大象，小错误也能毁掉大生意，这种扼腕痛惜的事情，如果不注意很有可能在销售员身上发生。

有个销售员来到一户人家，推销一种折叠床垫。

销售员经过一番介绍，客户想：家里常常来客人，如果有一张折叠床垫，就可以直接铺在地板上当床用，平时不用可以折起来放在储物间，也可以垫在睡觉的床上，觉得解决了一个大问题。

客户就问：我能不能看看样品呢？

销售员没意识到这是个购买信号，就问：您决定要买吗？买的话我就去搬。

客户：如果我不保证买就不能见到床垫，是吗？

销售员：当然不是，我是说我们的产品非常好，可谓经久耐用，价格公道，到哪里也找不到比这更好更便宜的床垫了，您说不是吗？再说，您一看就是个好客的主人，常常会有远道而来的朋友，您要留他们住一晚，但又没有足够的床……

客户：好了，好了，这些刚才你已经说过了。坦白说，我是要买一张。

销售员听了很意外也很高兴，忍不住搓着手说：啊，那简直太好了，您是个大好人！

销售员赶紧到车上搬床垫，这时客户却感觉有些不对劲：我只是买张床垫，至于让他那么高兴吗，难道那是些多年库存……

客户想到这里，还能买销售员的床垫吗？恐怕很难，而销售员丢掉这个客户可能莫名其妙，因为他没有意识到自己的低级错误产生了多坏的影响。

新手容易犯的低级错误有：

• 夸大产品的功能或用途，无异于自毁长城。

• 问愚蠢问题，例如当客户发出明确购买信号时，还追问对方“打不打算买”。

• 喜形于色，使客户生疑。例如客户一旦有购买意向，就忍不住眉飞色舞，客户会认为销售员心怀叵测。

• 过分热情或急切，把客户吓跑。任何事都过犹不及，太过反而催生客户疑虑。

• 喜欢同客户辩论，客户否定一句，禁不住非要“讨个说法”，最后赢了辩论丢了生意。

• 在促成的关键时刻，重复销售陈述，容易让客户厌烦。

……

演练

目的：让学员正确认识销售的低级错误，并避免在自己身上发生。

道具：上文销售床垫的案例。

问题：请学员依次找出销售员所犯的错误，并提出改进意见。

参考答案

错误1：没有发现“客户就问：我能不能看看样品？”是语言购买信号。

意见：马上给客户提供样品，而不是问客户是否要买。

错误2：销售员重复销售陈述“当然不是，我是说我们的产品非常好……”

意见：亡羊补牢拿样品给客户看，或者讲出留下的杀手锏，进一步打动客户。

错误3：客户表示购买时喜形于色，并反应过分强烈，不但搓手还莫名其妙夸客户是“大好人”。

意见：销售员明确客户购买后，可以对她的选择恰当赞美，例如“精明的家庭主妇都会准备一张这样的床垫。”

五、销售陷阱和客户链接

“害人之心不可有，防人之心不可无”，销售新手不要只想着“干一番大事业”，而一脚跳进不怀好意者的陷阱。

当然，在安全的前提下要大胆交易，而且在成交后要注意做好客户链接工作，以得到更多的订单。

陷阱！你看出来了吗

朱勇是户外灯具销售员，刚进公司不久就收到了一单大生意，而且是客户自己找上门的。本来公司不会把这样的大单交给新人去跟，但朱勇很有背景，销售经理也不敢得罪他，只能旁敲侧击地嘱咐一些事情，朱勇却对经理的唠叨很不满。

雄心万丈的朱勇跟客户接触了几次，原来客户需要镇流器，但似乎对产品性能不太熟悉，却很主动地商谈回扣问题。朱勇以为这是大客户的作风，一路跟下，很快客户就答应订购200多万元的货。按照公司惯例，朱勇请客户到公司考察并签合同，客户说这样太麻烦，让朱勇直接过去签了就成。

没想到越是大客户越好对付呀。朱勇拿了合同以及数量可观的回扣到了外地，请对方吃了顿豪华晚餐后，便把十几万元的回扣一给，客户也很痛快地签了合同，并按照合同规定预付了30%的订金。

谁也没想到事情这么顺利，大功告成的朱勇很是威风，但销售经理凭多年经验感觉有点不对，就到网上查询客户公司，发现根本没有注册。朱勇认为有前期订金不可能是骗局，但很快发现那张汇票也是假的。

看完这个案例，仔细想一下，就会发现很多疑点：

- 客户下了大订单，却对朱勇公司生产能力不作任何考核。
- 订单数量很大，但客户对产品性能等几乎不了解。
- 几百万元的大订单，手续却异常简单。
- 订金支付采用一时来不及调查真假的汇票。
- 客户对合同谈得不多，对回扣却非常热情。

客户给销售员留下了这么多的疑点，销售员却没有发现，除了缺乏经验以外，主要原因是销售员急于求成，一心想做大事，结果让骗子乘虚而入。

那么，作为一个销售新手，如何防备陷阱呢？

- 一定要了解客户，至少查一下客户公司是否注册，这是个用鼠标就能解决的小问题，但对销售员却是一道起码的保障。
- 对回扣过分热衷的客户，给回扣越要小心谨慎。
- 当“天上掉下个大客户”，且对产品不了解就下大订单时，一定要侦察清楚。
- 要求带合同尤其是公关费到异地签合同的客户，要三思而后行。即使招待对方一顿饭菜，200 元的餐费也能宰销售员几千元，人家的地盘人家做主，销售员也只能是哑巴吃黄连。

成交了，把下一个客户准备好吧

客户诚心买东西，销售员也诚心卖东西，皆大欢喜做生意当然很不错。不过在交易达成以后，销售员不要忘记要求老客户转介绍，或者推荐新客户。如果销售员运气好，可能会沿着一个客户一直做到第 n 个客户，这就是所谓的客户链了。

C 现在是好莱坞比较有名的发型师，但他刚到这里的时候，人生地不熟，工作室总是没有顾客光临。要知道，无论是大明星还是小明星，都希望找个技术有保障的家伙给他们做发型。

有一天，一位女士走进C的工作室，问：××在吗？

C认识这位女士，各大报纸都在讲述她的故事，一个曾红极一时，因遇人不淑欠了巨额债务的昨日之星，现在返回银幕，想凭借早年名声走出困境。尽管她走错了门，但C不想放弃这个客户，就说：当然，××不在，不过我也能为您服务。

女士看看C：你是谁？言外之意就是，你是哪棵葱！

C笑笑，对女士说：虽然我不如××有名气，但我的技术并不逊色，况且为了表示我对您的敬仰，我将免除您所有费用。

女士想了想，坐在椅子里说：虽然我并不爱占这样的小便宜，但我已经累得一步也走不动了，但愿您能够帮我改头换面。

C：当然，这是我职责所在。不过，有一个小小的条件。

女士：什么？

C：很简单，请把您的老朋友介绍给我。

这样，C通过这位女明星，获得了更多的明星客户，财源滚滚，名气也与日俱增。

利用客户找客户，无疑是做好销售的一条捷径。但是，客户很少会主动介绍客户给销售员，针对这种情况，销售员就要学会主动向客户提出要求，因为这毕竟有利无害。

运用客户链是聪明的销售员用来“偷懒”的好办法：

- 免去了重新寻找客户的时间，节省了精力、人力、财力。
- 转介的客户针对性强，一般都属于销售员的目标客户。
- 转介客户鉴于朋友的成功合作以及人情面子，合作几率比较高。

要求客户转介绍的注意事项：

- 通用流程是：感谢—要求—承诺—引导—记录。
- 销售员要在上述流程中随时赞美、感谢客户，但不要表现出急切的心态。
- 转介的一般表达格式：××先生，感谢您……像您这样的……一定有很多朋友，不知道有没有也需要……这样您可以……又可以……请放心，我一定……

示例：王总，我真是挺感谢您对本公司以及本人的信任，像您这样人缘好的企业家，一定有很多商业上的朋友。不知道在您的朋友当中，有没有需要我们产品的。如果有，那就麻烦您帮忙介绍一下，顺便也给您的朋友选择一个好的供应商！您尽管放心，我一定会像服务您一样服务您的朋友，即使他不愿意买，我也不会勉强……

演练

目的：让学员熟练掌握如何请求客户转介。

道具：无。

问题：假定一个客户，例如刘先生，请以销售员身份请求对方转介客户。